温儒敏／主编

永不言败的开国总统

华盛顿传

覃文珍 著

长 春 出 版 社
全国百佳图书出版单位

图书在版编目（CIP）数据

永不言败的开国总统：华盛顿传／覃文珍著．—
长春：长春出版社，2017.7（2020.1重印）
（常春藤传记馆／温儒敏主编）
ISBN 978-7-5445-4938-7

Ⅰ.①永… Ⅱ.①覃… Ⅲ.①华盛顿（Washington,
George 1732-1799）-传记 Ⅳ.①K837.127=41

中国版本图书馆 CIP 数据核字（2017）第176755号

永不言败的开国总统：华盛顿传

著　者	覃文珍
责任编辑	高　静
封面设计	楠竹文化

出版发行	长春出版社
总编室	0431-88563443
市场营销	0431-88561180
网络营销	0431-88587345
地　址	吉林省长春市长春大街309号
邮　编	130041
网　址	www.cccbs.net

制　版	佳印图文
印　刷	吉林省信诚印刷有限公司

开　本	787毫米×1092毫米　1/32
字　数	118千字
印　张	8
版　次	2017年7月第1版
印　次	2020年1月第2次印刷
定　价	19.80元

总　序

温儒敏

十多年前，我主持人民教育出版社高中语文教材的编写，其中选修课就专门设置有《中外传记选读》一种，我自己还动手编写了这本教材。因为受高考"指挥棒"影响，一般学校的选修课未必真能让学生自主选修，很多选修教材编出来都没有使用，但《中外传记选读》一直很受欢迎，每年都有重印。这让我对传记的阅读推广有了特别的关注。

我还注意到最近三四年高考语文试题命制的一种趋向，无论全国卷还是其他省市卷，阅读题往往都选传记作为材料。比如2016年全国卷的甲、乙、丙三个卷子，文言文阅读的材料全是传记，包括《明史·陈登云传》（甲卷）、《宋史·曾公亮传》（乙卷）和《明史·傅珪传》（丙卷）；现代文阅读的实用类文本也多用传记，节选了《吴文俊传》和《陈忠实传》。可见传记阅读越来越受到重视，考试也有意往这方面引导。

中小学语文教材也应当多选一些传记。现在

教育部正组织编写一套新的义务教育语文教科书，聘我担任总主编，这套新教材就选了不少名人传记，并鼓励学生多读传记。

为什么中小学生要多读传记？我曾在《中外传记选读》的前言中说过理由，这里不妨转述一下：

> 同学们都渴望能拥有健全、快乐和成功的人生，现在的学习阶段就在做准备，而且其本身就已经是你人生经历的一部分。我们该怎样设计自己的人生？当然最重要的还是学习。除了学习文化知识，还要从历史人物或者成功的人物身上学习宝贵的生活道理、人生哲学以及获取成功的途径。这就是励志教育，是人生教育中非常重要的部分。人都需要不断添加生活的动力，特别是在年轻的时候，要有偶像和楷模，有高远目标的激励。如同英国思想家培根所说过的："用伟人的事迹激励我们，远胜一切的教育。"让同学们从那些杰出的成功的人物身上吸取人生的经验，从前人多种人生道路的选择中寻找我们各自的"契合点"，这就是我们设立这门课的主要目的。

这里说的"设立这门课的主要目的"，其实

也是我们推出这套"常春藤传记馆"丛书的目的。

"常春藤传记馆"丛书由北京大学语文教育研究所组织编写，长春出版社出版。丛书每本 10 万字左右，其选目、内容和写法都是为中小学生"量身定制"的。我们希望这套丛书能作为基本图书进入中小学图书馆。和其他同类传记图书相比，"常春藤传记馆"丛书有四个特色：

一是传主覆盖范围广。包括中外古今各个领域的名人，涉及政治、军事、科学、实业、社会活动、文学、艺术、革命等领域。重点考虑有代表性的、在精神层面可以给学生激励的那些名人。

二是和课程教学有呼应。中小学除了语文，各个学科的教材和教学都会涉及中外古今各个领域的著名人物，选择主题首先考虑这一情况，选取学生有所接触又可能希望进一步了解的那些名人。这可以满足学生不同的兴趣爱好。

三是专门为中小学生编写。本套传记不是专业性强的评传，而是重在勾勒传主生平事业贡献的小传，内容和文字力求深入浅出，生动形象，有趣有味。阅读对象接受水平可以定位在初中程度，也可以稍高一点。特别是有些理科方面的传记，主要面对高中生。其实，小学生的课外阅读也要取法乎上，他们可以读这套为中等文化水平

序言

的读者设计的书。

四是内容安排上特别注重励志及健全的人格心理引导培养，在叙说传主生平事迹时，适当地自然地凸显这些方面的思考。

丛书取名"常春藤传记馆"，有特别的含义。"常春藤"是一种多年生常绿藤类灌木。美国哈佛大学等几所著名的私立大学，组成体育联盟，叫"常春藤盟校"，其起名是因为这些老校的校舍墙上常攀缘有常春藤。本丛书以"常春藤传记馆"作为标识，是虚拟的意象，可以联想到著名的学府，也可以联想到古代的书院，从而营造浓郁的阅读氛围和宁静的心境。另外，"常春"和"长春"同音，暗含这套丛书是由长春出版社出版的。

但愿广大师生喜欢这套书，也期盼大家提出批评建议，共同来经营好这套书，让"常春藤传记馆"更好地满足广大读者，特别是中小学生课外阅读的需求，满足语文教学的需求。

2016 年 6 月 30 日济南历下

（温儒敏，山东大学一级教授，北京大学中文系教授，教育部聘义务教育语文教科书总主编）

前　言

　　乔治·华盛顿，美国独立战争时期大陆军总司令，美国的国父、第一任总统，公认的美国历史上的重要的人物之一，这样一个散发着耀眼光芒的伟人，他是天生如此、还是经过了后天的努力才成为现在我们知道的华盛顿的呢？

　　让我们一起打开这本书，跟随作者的笔触，和华盛顿一起成长和感悟吧。当他在弗吉尼亚乡村呱呱坠地后，是谁带他走出了人生的第一步，开始体会这个崭新的世界的？当他幼年丧父痛苦不堪时，又是谁抓住他的手，带他走到一个更广阔的世界，让他感受先进的思想和文明的？当他面对保卫边疆使命的呼唤时，是怎样勇敢地走向那凶险万分的战场的？当他顺理成章地成为一名优游自在的种植园主后，又是什么因素促使他走到艰难困苦的独立战争之路的？在独立战争中，他又经历了多少次失败，才将领导殖民地人民走向独立的革命坚持下去的？而更让人意想不到的是，他居然在赢得独立战争胜利后，主动放弃了盛大的荣耀和巨大的权力，回归田园成为一名乡村绅士。如果你想知道答案，只要翻开这本书，便可以得到答案。

正是这样的华盛顿引领北美人民走向了自由和独立，他积极向上，重视个人荣誉但是从不计较个人利益，凭着一颗热爱自由、平等、公正的心，竭尽全力、永不言败地对待一切困难。然而，华盛顿的伟大并没有终止于北美独立革命的胜利结束。

赢得独立战争的胜利后，解甲归田的总司令放弃了安逸的田园生活，勇敢地承担了美国首任总统的职责，完成了美国宪法的制定、美国政治制度的建设等伟大的工作，为将来一个民主、自由、强大的美国奠定了坚实的基础。对任何一个人来说，能够完成华盛顿一生中的某一项业绩都足以让世人惊叹的了。然而华盛顿留给世人的还不只是他卓越的功绩，更有他无人能及的远见和高贵无比的品德：华盛顿不慕荣利，在君主制度占主体的时代里坚决拒绝君主制度，为美国创立了真正的民主制度；他不贪恋权力，在总统任上不超过两届，立下了轮流执政周期的普遍规则。在1796年发表告别演说后，华盛顿坚定地离开了总统办公室，带着妻子远离了公众的视线。

华盛顿虽然已经离我们远去了，但是他那永不言败、锐意追求北美殖民地独立、引领美国人民走民主道路的精神永远闪耀在人类群星璀璨的天空，值得我们经常从当前的生活中抬起头，向他眺望。或许，在这样的眺望中，我们会获得更多的感动和前行的动力。

目录
contents

第一章
少年初长成

乔治·华盛顿出生

唯坚韧者始能遂其志。

———本杰明·富兰克林

1732 年 2 月 22 日，当早春的脚步声轻轻唤醒沉睡的大地时，北美波多马克河畔布里奇斯溪庄园的庄园主奥古斯丁·华盛顿，带着无比欣喜的心情迎来了一个重要时刻——他和妻子玛丽的第一个孩子乔治·华盛顿降生了。疲乏的玛丽已经熟睡，小乔治也在妈妈身边兀自甜睡，奥古斯丁目光温柔地注视着母子俩，渐渐地陷入了对现实问题的思考。

小乔治虽然是奥古斯丁和玛丽的第一个孩子，但是他并不是奥古斯丁的长子。和玛丽结婚时，奥古斯丁已经31岁，他遵循北美殖民地人们要尽早成家立业的传统，很年轻时便和一名当地女性组成了家庭，生育了两个孩子，分别是长子劳伦斯·华盛顿和二儿子小奥古斯丁·华盛顿。不幸的是，他的妻子于1730年因病过世，给他留下了两个尚未成年的孩子。玛丽便是在这个时候走进奥古斯丁的生活，他们互有好感，于是很快便组成了家庭，重新组建起来的奥古斯丁家继续住在布里奇斯溪畔的庄园里。

在奥古斯丁的用心经营下，家族和产业继续发展。此时，15岁的长子劳伦斯按照弗吉尼亚当地绅士的习俗，正在英国接受正统的教育，以便将来回到弗吉尼亚后成为当地有名望的绅士。乔治的到来可以说是一件恰逢其时的好事，这表明家族会越来越壮大。

现在奥古斯丁要考虑的是，家里的人口越来越多，这栋老房子不够用了，应该重新选个好地方来修新房子。其实他早就看好了地方，就在布里奇斯溪对岸斯塔滕县的一片空旷的土地上，在那里盖新房子，既可以让孩子们住得舒服，还不影响他继续经营自己的庄园。这时候，他可完全没想到，刚刚出生的小乔治将来会成为一个了不起的人。远在大西洋西岸的劳伦斯也没有想到，在那么多弟弟当中，这个乔治弟弟将来会成为他最挚爱的亲人之一，而他也将在乔治的成长中起到至关重要的作用。

奥古斯丁是个有想法就马上付诸行动的人，等到春暖花开时，他便开始在新址上建造新的庄园。当奥古斯丁忙着建造新的庄园，而年幼的乔治还在布里奇斯溪庄园牙牙学语的时候，让我们一起来看看华盛顿家族的来源吧。

和大部分居住在弗吉尼亚的人们一样，华盛顿家族是来自英格兰的移民。17世纪中后期，弗吉尼亚已经是英格兰在北美最大的殖民地，这里气候温和、土地肥沃，到处都充满了生机。在英国王室的鼓励下，很多英格兰人离开故土，来到这片新大陆寻求新的生活，他们当中有些人是触犯了英国法律的，有些人是在英国找不到发展机会的，有些则本身便是绅士，到北美是为了给国王开拓疆域。华盛顿的曾祖父可以归为第一类。实际上，华盛顿家来自英格兰的一个很古老的家族，历史可以上溯到诺曼底人征服英格兰以后的11世纪初。那时华盛顿家族的先祖在诺曼底征服者麾下作战，深得那些征服者的信任，在英格兰获得了一些地产和采邑。

　　根据后世学者的研究，现在可考证的华盛顿家族的祖先是威廉·德·赫伯特恩，他的诺曼底名字"威廉"应该代表着他的渊源。从一些关于华盛顿家族先祖的零星材料中，人们发现了一本1183年的达勒姆教区的土地记录，里面有这样一则记录，赫特伯恩用他的村庄交换该教区威星顿村庄和采邑。从那以后，这个家族的姓氏便以地方命名，从原先的赫伯特恩变成了德·威星顿。

　　15世纪中期，德·威星顿家系分成若干分支，随着家族的扩张，德——这个象征着家族渊源的标志从家族的姓氏前逐渐消失了，姓氏也从威星顿逐渐转化为我们现在所熟知的华盛顿。当然，华盛顿这个姓氏最终变得举世瞩目，还是因为本书的传主乔治·华盛顿。

　　时间匆匆流逝，历史的书页很快便翻到了16世纪。这个时期，华盛顿家族出了一位叫作劳伦斯·华盛顿的人。劳伦斯·华盛顿对家族的发展很关键，他曾经做过英格兰诺桑普顿的郡长。1538年，劳伦斯为家族谋得了一份至关重要的产业——苏尔格雷福庄园。此后，华盛顿家族以这个庄园为主要产业，世代经营下去。到17世纪早期，当斯图亚特王朝开始统治英格兰、苏格兰和爱尔兰时，家族一个叫作威廉·华盛顿的人与国王查理一世（1600－1649）（詹姆士一世的继承人，斯图亚特王朝（1371－1714）的统治者）的宠臣——白金汉公爵的妹妹联姻，将华盛顿家族带到了他们在英格兰的顶峰，家族既获得了莫大的荣耀，也处于政治斗争的旋涡中心，为将来不得不远渡重洋埋下了伏笔。

查理一世和议会一直合不来，在他统治的中后期，更是连年和议会征战不休。华盛顿家族自然是国王的忠诚守卫者之一。1646 年，苏尔格雷福庄园的亨利·华盛顿在保卫沃切斯特的战斗中临危受命，担任保护查理一世的总指挥。虽然国王已经逃至他处，但是他忠于职守，在粮草断绝的情况下，仍然不屈不挠地保卫沃切斯特，直到国王颁布投降令后方以体面的方式投降。

亨利·华盛顿在保卫沃切斯特的战斗中体现出的英勇精神通过华盛顿这个姓氏，跨越时间和空间的距离得以传承，一直到乔治的身上。当我们后来在乔治·华盛顿身上看到那种不畏艰险、坚持前进、永不妥协的精神时，便丝毫不觉得奇怪了。因为这个家族，无论曾经只是征服者麾下的一员，王室军队的一部分，还是白金汉公爵的至亲，一直闪耀着人类精神美德的光芒，这种光芒随着家族的发展而继续闪亮，映照着人类的精神世界。

1647年查理一世的军队惨败于由托马斯·费尔法克斯和克伦威尔率领的联军之手，费尔法克斯家族与乔治·华盛顿后来在弗吉尼亚的弗农山庄认识的费尔法克斯勋爵是一个家族的。他们的祖先在英格兰母国曾经是对手，到遥远的北美殖民地后，却成了要好的朋友。

1649年，查理一世被克伦威尔处以绞刑，他的部下和追随者也纷纷被驱逐。为了躲避可能的政治压迫，1657年，威廉·华盛顿的后代约翰·华盛顿和安德鲁·华盛顿离开了英格兰老家，横渡大西洋，抵达新大陆的弗吉尼亚。

弗吉尼亚位于北美大陆的东海岸，面对着浩瀚无垠的大西洋，背后是一望无际、苍苍莽莽的北美大陆。自英格兰人于1605年第一次在弗吉尼亚登陆后，一批又一批的英格兰人前赴后继地来到此地，进行艰辛的开垦和卓绝的奋斗，在克服了曾经高达90％的死亡率后，到17世纪中期，英格兰殖民者才算在这里立住了脚跟，不仅建立了庞大的种植园，还建成了坚固的城堡，一代又一代英格兰后裔在此地繁衍起来。所以，当华盛顿的祖先于1657年抵达弗吉尼亚后，他们放弃了过来碰碰运气然后返回英格兰的想法。眼前的土地如此辽阔，满目都是郁郁葱葱的森林，川流不息的河流就在森林里流淌！好一片适合农耕的土地！这里才是蕴藏着巨大机会的沃土。当年跟随诺曼底贵族出征的热情重新在华盛顿家族的血液里燃烧起来，弗吉尼亚，将是他们再次出征的地方。

一旦下定决心要待下来，华盛顿兄弟马上开始行动，他们做的第一件事便是购置地产。兄弟俩相中了波多马克河和拉帕汉诺克河之间的北峡地区，也就是威斯特摩兰县的一片土地。倾其所有购置了这片土地后，兄弟俩便开始了在新大陆的新生活。

很快，约翰·华盛顿与当地的一位小姐——安·波普相识并结了婚。婚后，他在布里奇斯溪建立了自己的庄园。此后，华盛顿家族的人继续勤勉经营庄园，扩大产业，积极参与当地市民的事务，经过几代人的经营，到乔治·华盛顿的父亲奥古斯丁·华盛顿时，他已经成了当地不小的种植园主，同时担任着地方政务官，承担着弗吉

少年初长成　第一章

尼亚当地的自治事务。

1732年上半年，奥古斯丁·华盛顿的新庄园建好了。新房子被群山环抱，背后是青翠连绵的山岭，前面则是一大片平整的草地，一直延伸至缓缓流淌的拉帕汉诺克河畔。在离房子不远的地方，是华盛顿家种植棉花和烟草等农作物的田地。乔治就在这山清水秀、鸟语花香的地方成长起来。每当阳光灿烂时，他总会自由自在地在草地上嬉戏，玩些那个年代的小孩子都喜欢的游戏。年纪稍长后，他会组织庄园里的孩子们一起玩军事游戏，从那时起，他就表现出了家族的勇武精神和领导才能。

乔治出生后，母亲玛丽又生下了三个儿子两个女儿，分别是塞缪尔、约翰·奥古斯丁、查尔斯、伊丽莎白和米尔德里德，其中米尔德里德死在襁褓中。

乔治到学龄时，大哥劳伦斯还在英国，虽然父亲也预备让他走劳伦斯的路去求学，但乔治年龄尚小，便让他就近在家附近的一所简陋的学校接受教育，先接触一些简单的读、写作和算术之类的课程。后来，奥古斯丁又给儿子换了一所好一些的学校，这所学校所教授的语法和数学让乔治颇感兴趣。学得最好的是计算，他的数学作业书写工整、细致，堪称范本。乔治的这种认真的态度与他父亲在道德文化上的熏陶相关，也与母亲玛丽对他要求特别严格相关。华盛顿从幼年时期就感受到了玛丽的坚强和严肃。

1740 年，华盛顿家的长子劳伦斯回家了。这个大乔治 14 岁的青年受过良好的教育，身上洋溢着英格兰的风范，风度潇洒，举止优雅得体。在乔治看来，他俨然是一个满腹经纶的权威人士，时年 8 岁的他总是用崇拜的目光注视自己的兄长，追随他的一举一动，而劳伦斯也对这个年幼的弟弟报以温和的目光。兄弟俩很快就成为亲密无间的挚友。

乔治除了完成学校的课业外，也会跟随参加英国海军的劳伦斯读一些其他的书，倾听劳伦斯和朋友们谈论外边的世界，那个关于军人怎么建功立业的世界。在学习之余，乔治最喜欢的就是带领庄园里的孩子们进行各种体育运动。因为华盛顿身体健壮、反应机敏、办事公道，他成为孩子们的头儿，大家一起玩军事游戏时，都乐意听从乔治的指挥。乔治身上的这种近乎天然形成的领袖气质被大哥劳伦斯看在眼里，这个年轻的殖

少年初长成　第一章

民地军官忍不住向自己的弟弟投以赞许和充满期待的眼光。

天有不测风云，人有旦夕祸福。1743年4月，奥古斯丁·华盛顿死于一次突发的胃病。这时乔治才11岁。奥古斯丁留下遗嘱，将财产分配给妻子和子女们，由玛丽负责监护乔治他们。

失去了丈夫的玛丽表现得更加刚强，她没有辜负丈夫的嘱托，坚定地承担起了维持这个家庭的责任。白天处理完庄园事务后，晚上她会让孩子们围坐在自己身边，给他们念一些优秀的文学作品和道德训诫方面的书。这个时期的阅读对华盛顿产生了深刻的影响，尤其是母亲玛丽念诵的那些关于人应该向上和自制的格言，随着全家围坐的夜读进入了华盛顿的精神世界。

这时，已经成家的劳伦斯承担起了父亲的角色。他不仅对兄弟们嘘寒问暖，还让乔治搬进了自己的新家。那时，劳伦斯住在不太远的弗农山庄，山庄的旁边便是费尔法克斯勋爵家的贝尔沃庄园。

1747年，乔治搬进了劳伦斯的新家——弗农山庄，开始了对他人生将产生重大影响的一段岁月。

长兄如父

啊，悲伤的我，将爱情藏匿
爱慕已久却又不敢表露。

——华盛顿

弗农山庄位于波多马克河畔，劳伦斯于1743年7月搬到这里，这时他刚刚与费尔法克斯小姐喜结连理。为了纪念他在西印度群岛作战时的将领——海军上将弗农将军，劳伦斯将这座庄园命名为弗农山庄。因为劳伦斯丰富的经历和不凡的家庭背景，他逐渐成为当地的重要人物，而他所居住的弗农山庄与邻近的贝尔沃庄园——他岳父费尔法克斯先生的别墅一起，成为当地的一个中心。

乔治立刻就喜欢上了弗农山庄的氛围。在这里，除了能够受到兄长的照顾，还能学到原来学不到的很多东西，比如劳伦斯对地方事务的参与与管理，他和当年一起作战的朋友们对殖民地周边战事的关注，以及他们对英格兰事务的关注和讨论等等，这些都让乔治从青少年时期便耳濡目染，学习了怎么承担责任。他盼望着自己快快长大，这样便可以像兄长一样，成为一个真正的男人。

　　大约在他 15 岁时，乔治萌发了一个念头——参加英国海军，为宗主国作战杀敌，以便获得更好的前程。当时英格兰正在和西班牙争夺西印度群岛，宗主国的事务便是殖民地的事务，弗吉尼亚移民的很多子弟都纷纷加入皇家海军，从弗吉尼亚奔赴战场。波多马克河上，驶过一艘又一艘的战舰，撩拨着乔治的心。劳伦斯看到了弟弟的宏伟志向，便帮他谋得海军候补生的委任书。然而，就在乔治准备登上停在波多马克河上的军舰时，被赶来的母亲阻止了。

　　实际上，当华盛顿第一次告诉母亲他想要参加海军时，玛丽毫不犹豫地拒绝了华盛顿的请求。考虑到乔治才 15 岁就要远渡重洋，去参加一场又一场前路莫测的战斗，玛丽不禁胆战心惊。把大儿子乔治留在身边，让他过太平安稳的生活，这是玛丽的后半生一直在努力的事情。为了达到这个目的，有一段时间她甚至不惜败坏儿子视若生命的名誉，造谣中伤他。直到后来成为美国总统，华盛顿也没有成为母亲心目中的乖孩子。但是华盛顿注定要走上一条不同寻常的路，所以，当他倾尽全力建设美国时，必定要让他的至亲忍受别离和担心。所幸的是，乔治虽然走了一条艰辛的路，但他始终没有忘记过自己是母亲的儿子、妻子的丈夫和许多亲人的至亲。

　　既然没有机会去参加海军，乔治便继续留在弗农山庄接受教育和熏陶。劳伦斯的妻子——威廉·费尔法克斯家的女儿，让华盛顿有了接触费尔法克斯家族的机会。威廉·费尔法克斯先生出身英格兰的名门望族，他和劳伦斯一起参加过英格兰在西印度群岛对西班牙的战事，退伍后在贝尔沃管理他堂兄托马斯·费尔法克斯勋爵的田产。托马斯·费尔法克斯勋爵此时年届60岁，是阅历丰富的绅士，早年毕业于牛津大学，学业优秀，后来入伍当兵、立过战功。还为当时著名的《观察家报》撰写文章，在上流社会里交际很广。托马斯·费尔法克斯勋爵在弗吉尼亚拥有大量田产，总计超过几十万英亩。游历过世界各地的费尔法克斯勋爵被这里吸引了，他决定在贝尔沃别墅安度晚年。期间，费尔法克斯勋爵的儿子乔治·威廉·费尔法克斯携新婚妻子和妻妹也来到了这里。

　　华盛顿对费尔法克斯一家很感兴趣，他经常登门造访。虽然话不多，甚至有些羞涩，但是他身上独特的气质还是让老勋爵眼前一亮。这个年轻人身材高大，热爱各种体育运动，既谦虚有礼又焕发着弗吉尼亚乡村的活力，处处都透着一股新鲜而活泼的劲儿。勋爵非常欣赏他，经常邀请他到贝尔沃做客。

在贝尔沃，老勋爵让乔治随意进出自己的书房。华盛顿早年在学校里就展现出了对阅读的兴趣，但是他所就读的几所学校根本无法满足华盛顿的阅读需要。现在，贝尔沃的书房对他而言简直就是一座宝库。他如饥似渴地阅读，填补自己所受教育的不足。老勋爵见乔治如此好读，很是欣喜，这位见多识广、博学多才的老贵族经常和华盛顿谈古论今，欧洲那种与新大陆完全不同的文明形态，深深地冲击着华盛顿，对自己的母国产生了强烈的认同感。

在费尔法克斯勋爵的熏陶下，为了让自己在社交圈里显得举止得体，像绅士一样作为，乔治·华盛顿亲手抄写了一份关于文明礼貌和道德准则的小册子，这个小册子事无巨细、条目清晰地规定了个人行为应该遵守的规范，总计110条。为自己做出现在看来几乎是烦琐的规定，让人不禁对他产生一种敬意——他在性情容易冲动的青少年阶段便能够有意识地控制自己，体现出了一种超强的自制力。

华盛顿一边在贝尔沃得到费尔法克斯勋爵的熏陶，一边继续在学校求学。他继续对数学表现出了强烈的兴趣，还用心钻研土地测量这门学科，并且颇有成效。有一段时间，乔治·华盛顿定期测量自己种植园里的土地，并且将测量结果认真地记入田亩登记簿中。翻开他制作的田亩登记簿，即便用当前的眼光来审视，也是既整洁又准确，让人不由得产生感慨：这位伟人自幼便展现出了严肃认真的态度，他只要认定了要做某件事情，就会认认真真做下去，而不会半途而废。乔治·华盛顿终生都在坚持这样的工作作风，不管面对怎样复杂的任务，即便他内心忧心忡忡，也会将一切该办的事情处理妥当，并且完成得很好。

这样一位看来天生要做一番伟大事业的人物，也遭遇了少年人的情伤。据对华盛顿日记的研读，1747 年左右，他似乎对一位"低地美人"产生了爱慕之情。

虽然华盛顿很想向这位年轻的女子表白，但是他将满腔的热情封闭在内心深处，始终没有走出表白的那一步。于是他在诗歌中痛诉自己的

"无依无靠"，哪怕被"丘比特之箭射伤了"，仍然在为那个不怜悯他的悲伤的人歌唱：

> 自你明亮的双眸中，我被释放；
> 光啊，你比太阳还要亮丽，
> 在上升的白日中，射其华荣，
> 无人能盖过你的光华。

就在华盛顿为感情烦恼不堪、几乎难以自拔之时，喜欢猎狐的费尔法克斯勋爵又发出行动的号召。这对忘年交很快便整理好行装，再次奔向了广阔的原野。

据华盛顿回忆，那时他和老勋爵一起在森林里勇敢追逐猎物的日子是他最快乐的时光之一。在骑术高超的老勋爵的指导下，华盛顿的骑术得到了突飞猛进的提高，成了闻名弗吉尼亚的优秀骑士。因为"低地美人"而产生的情伤，不知不觉便消弭了。华盛顿在克服了情伤后，很快便迎来了崭露头角的机会。

1748年3月，费尔法克斯勋爵准备带领人马到他的西部领地勘察，这是一个重要的任务，除了一些辅助性人员外，还需要一个能干的值得信任的帮手。于是，老勋爵做了一个正确的决定，也是对华盛顿的未来产生重要影响的决定——邀请华盛顿负责测量土地。劳伦斯一直都希望弟弟能够顺利地进入公众事务的领域,自然非常赞成他参与这次勘察。

16岁的华盛顿加入了费尔法克斯勋爵的勘察队伍,准备第一次在世人面前展露自己的才华。

优秀的测量员

> 大家都自烹自吃。我们烤肉用的叉子是叉状枝条,盘子是一块大木片,碟子则是一个也没有。
>
> ——华盛顿

在弗吉尼亚的西部边界阿勒格尼山区,费尔法克斯勋爵拥有大量的田地,因为蓝岭山脉的阻挡,常年得不到管理和开发。

当大家翻越风景如画的蓝岭后,立刻为眼前的景致惊叹不已。原来在蓝岭以西,是一条宽约20英里的大峡谷,谢南多厄河在峡谷内缓缓流淌,低缓的山坡和丘陵沿着河流往两边铺展开去,绵延不绝。

简单休整后,大家开始工作。华盛顿的勘测工作从河谷下游开始,沿着河流上溯。因为要勘测的地方广阔,所以他们每天很早就出发去工作……在勘测过程中，华盛顿发现有不少土地被开垦过，还有临时搭建的小屋，只是因为后继乏人，所以再次荒废了。

因为野外潮湿寒冷，所以篝火是过夜时必备的条件，大家轮流靠近篝火来度过漫漫长夜。"我至少连着三四个夜晚没有在床上睡觉了，最幸福的恐怕要数那睡在离火堆最近的那个人了。"华盛顿在给朋友的信中忍不住表达了对那些靠近火堆的人的羡慕之情。运气好的时候，他们可以在温泉里痛痛快快地洗涤风餐露宿的困苦。

更可怕的是，有时候他们会碰到高举着战利品的印第安人。队伍中有经验的人告诫大家，见到印第安人不要轻举妄动，见机行事便可。尽管好几次碰到印第安人，测量队在经过小心翼翼地试探和谨慎的沟通后，相安无事地相处几晚，然后各自踏上行程。

尽管条件恶劣，大家还是把勘测作业坚持下来了。华盛顿认真向勘测能手学习，他在工作日记上忠实地记录了土壤的质量、地块的大致形状，以及各村庄和各居住地的估价等有价值的资料。4月13日，勘测作业完满结束。

回到弗农山庄后，华盛顿认真整理了勘测报

告，将其正式提交给了费尔法克斯勋爵。老勋爵读后称赞不已，给华盛顿支付了不菲的报酬。

因为华盛顿在勘测作业中的出色表现，费尔法克斯勋爵力荐他担任当地的公共测地员。18岁时，华盛顿正式成为官方认可的测量员，负责勘测更多的尚未被开发的土地，这是他第一次获得了公职，从此他的测量记录具有了权威性，被收进当地各机构的档案中。到19岁时，华盛顿已经凭借自己的劳动购置了几千英亩的土地，成了小有成就的种植园主。

1749年，英国政府给俄亥俄公司颁发执照，允许他们组织人员开发阿勒格尼山以西50万英亩的土地，劳伦斯担任了俄亥俄公司的总经理。弗吉尼亚人积极地投入到英帝国开拓殖民地的行动之中。华盛顿连续三年在蓝岭以西一带测量土地，一方面保留了大量有价值的资料，为他将来购置自己的田产提供了充分的支持；另一方面在野外的作业中练就了强健的体格和坚定的意志，这是支持他完成将来的伟大事业的最宝贵的财富。

期间，劳伦斯除了组织人员开发土地，还在新领地上建立城堡，组织民兵部队，以防范印第安人和法国人的侵袭。在劳伦斯的举荐下，华盛顿成了当地的一名副官长，年薪150英镑，负责组织和操练民兵。为了完成这个任务，他向哥哥的战友学习步枪操作、击剑等作战技术以及一些军事理论。

1751年劳伦斯·华盛顿染上了肺结核。消息传来后，华盛顿的家人都惊呆了，因为当年这种病几乎是无法治愈的。

挚爱大哥的华盛顿放下工作，专心守护着劳伦斯，陪他到西印度群岛疗养，一刻不离地照顾他。在西印度群岛期间，华盛顿感染上了天花，这种可怕的疾病在当年是无法治愈的。万幸的是，他凭借自己强健的体格抵抗住了这种致命的病毒，获得了免疫力，确保他战胜了战争年代里的一次又一次病毒打击。

1752年7月，劳伦斯在弗农山庄与世长辞，时年34岁。乔治·华盛顿悲痛欲绝，无法接受残酷的现实，很长一段时间里，华盛顿沉浸在失去兄长的痛苦中不能自拔。

劳伦斯去世时，有一个尚在襁褓之中的女儿。照顾他的遗孀和孩子的任务自然由乔治·华盛顿来完成。劳伦斯的遗嘱中交代，他的财产留给妻子和尚在襁褓中的女儿,如果他的女儿没有子嗣,那么财产由他的遗孀继承,遗孀过世后,财产则由弟弟乔治·华盛顿继承,乔治被指定为遗嘱的执行人之一。时年 20 岁的华盛顿将劳伦斯交代的事务处理得妥妥当当。

两年后,劳伦斯的遗孀和女儿不幸相继过世,华盛顿成了弗农山庄的新主人。从此,这个山庄便与华盛顿紧密地联系在一起,到现在仍然深受人们的爱戴和追念。

第一章
少年初长成

第二章
为母国而战

出使法国要塞

我用篙插入水中，试图停住木筏，让冰块漂过；谁知激流迅猛异常，冲击着我手中的篙，把我抛进十英尺深的水中。幸亏我抓住木筏上的一根木头才侥幸逃生。

——华盛顿

18世纪中叶，英、法两国在结束维持了长达一个世纪的争夺世界霸权的战争时，并没有对他们在北美洲大陆的势力范围进行明确的划分，这给双方将来在北美大陆的旷日持久的争夺埋下了隐患。

英法战争结束时，法国在加拿大东海岸占有大量的殖民地，而英国则在现在美国东海岸大力开拓殖民地的范围。双方都对俄亥俄河流域（阿勒格尼山以西，从大湖区延伸至俄亥俄河及其支流的河谷）虎视眈眈。法国人将巨大的舰艇开到安大略湖巡航，同时在尼亚加拉建筑防御工事；英国人也不甘示弱，宣称已经从印第安人手中买下了这片辽阔的土地，他们有责任和义务保护和经营它。

东部殖民地到处都可以看到备战宣传，人们热情高涨，准备投身这场捍卫英国利益也就是殖民地利益的行动。英法双方的情势越来越紧张，战争随时都可能爆发。弗吉尼亚的气氛尤为紧张，当地人纷纷组织起来，加入俄亥俄公司，随时准备响应弗吉尼亚总督丁威迪先生（英国派到殖民地的统治者）的号召而投身战场。

实际上，法国人的势力在不断扩展，他们与一些印第安部落联合起来，建立了一系列军事哨所，试图把路易斯安那和加拿大连接起来，以便将英国人围困在阿勒格尼山以东。俄亥俄公司因此向弗吉尼亚副省督丁威迪提出申诉，经过商议，他们决定派遣一个合适的人出使法国人在伊利湖的要塞，以英国国王的名义要求法军退出伊利湖南岸的堡垒，若拒绝撤退，英国将以武力

为母国而战 第二章

驱逐。

谁堪承担重任呢？大家一致想到了华盛顿。

1753 年 10 月 30 日，华盛顿拿到了出使的证书，于次日抵达弗里德里克斯堡，雇请范·布拉姆作为法语翻译官，和他一起赶赴亚历山德里亚准备出行必备物品。11 月 14 日，华盛顿一行抵达威尔斯河，又雇请吉斯特作为向导，戴维森为印第安语翻译，还有四人作为侍从，前往遥远的伊利湖畔。

11 月的阿勒格尼山里，天寒地冻，华盛顿的队伍在雨雪交加的天气里，艰难地越过了一座座陡峭的山岭和斜坡，慢慢地向西北边境推进。11 月 24 日，他们抵达洛格斯敦。按照计划，华盛顿要在这里和印第安首领亚王进行会谈，请求他与英国人合作，一起抵抗法国势力。

当华盛顿去拜会亚王时，被告知亚王此时正好外出狩猎。在等候亚王的时间里，华盛顿仔细观察了这个印第安人村落的情况，结果发现了几个法国逃兵，经盘问，得知他们现在要前往费城。根据他们的描述，法国人在密西西比河沿岸修建了一些碉堡，一直延伸到大湖区。这种情况显然比料想还要严重，华盛顿忧心忡忡地期待着与亚王的会谈。

亚王回来了。华盛顿迫不及待地邀请他进行秘密会谈。

当印第安的酋长出现在华盛顿面前时，华盛顿对亚王说："尊敬的先生，很高兴我们将要进行一场有意思的谈话，或许这将为我们双方带来永久的福祉与和平。"

聪明敏捷的亚王热情地向华盛顿介绍了周围的情况，"很显然，法国人已经开始行动了，他们有好几座碉堡，最大的那个就在伊利湖边上。我们要越过大草原才能抵达那里。总之，事情很棘手，但是为了我们珍爱的土地，哪怕要舍弃我的脑袋，我也要积极行动。"

亚王对土地的热忱深深地感动了华盛顿。他神情严肃、郑重庄严地向亚王和他的族人说道："兄弟们，我奉你们的兄弟弗吉尼亚丁威迪总督之命，把你们召集在一起开会，目的是要告诉你们，我是被火速派来拜见法军司令并向他递交信件的，对你们的兄弟英国人而言，这封信非常重要：英国人的朋友和盟友们，我敢这样和你们说，对我们所有的人都很重要。兄弟们，你们可以看到，我的旅程已经走了如此之远。总督大人同样也希望我请求你们派一些小伙子为我们做向导，并给我们提供补给……"说到这里，华盛顿稍微停顿了一下，从盒子里拿出早就备好的贝壳念珠，望着亚王的眼睛，继续说道："兄弟们，我特地和你们说这些，是因为我们的总督大人视你们如同好友和盟友，他极为尊重你们。为了证实我的话并非虚言，我给你们这串贝壳念珠以示诚意。法国人已经在行动了，尽管他们想要把你们和我们都赶走，甚至赶到大西洋里去，但是我们绝对不能辜负那些世代生活在这里的祖先，我们必须要联合起来，对抗所有不允许我们继续热爱这片自由自在的土地的邪恶力量，不管是法国人，还是站在法国那边的印第安人，都是我们的敌人。联合起来，战胜他们！"

听完华盛顿的这席话，亚王经过审慎的思考，宣布和华盛顿合作。"我们和你们是兄弟，我们才是一家人。"他向华盛顿保证和法国人彻底绝交，并且要将之前收到的法国人给的贝壳归还给对方。

双方取得共信后，便商量好进一步行动的计划。亚王对华盛顿一行前往法国堡垒提供了有益的建议和重要的帮助，他派了几个印第安武士陪同和照应他前往，给他充当保镖，以防范那些站在法国一边的印第安人的偷袭。不过，华盛顿内心还是有些紧张，没有印第安人的帮助，要想完成出使使命是几乎不可能的。

11月30日，亚王亲自带着几个印第安勇士陪同华盛顿前往法国碉堡。由于天气恶劣，地形凶险，五天后，他们才进入伊利河附近的法国要塞伯弗堡（现名水滩，位于宾夕法尼亚州）。远远地，便能看到法国人的三色旗在堡垒上空高高飘扬，似乎昭示着此次出使法国要塞的不容易。

在弗伦奇河口，华盛顿遇到了狡猾的法军上尉容开尔。容开尔告诉华盛顿，总指挥不在此地，如果他想面见总指挥，那么请自行到下一个要塞去问。但是天气恶劣，大雨倾盆，华盛顿一行无法继续前行，容开尔不停地请华盛顿过去喝酒，华盛顿只得敷衍一下，一连几天都是这样。11月5日，容开尔亲自上门找华盛顿，结果"意外"地看到了亚王。华盛顿一直试图阻隔的法国人和印第安人的直接接触，现在已经不可能了。容开尔热情地邀请亚王他们过去叙旧，一时间法国人与印第安人推杯换盏，喝得不亦乐乎。

华盛顿很清楚，这个地方多停留一分钟，就

多一分钟的危险。印第安人随时都可能被法国人引诱过去，将华盛顿给他们的贝壳项链扔回来。

"亚王阁下，我们应该保持冷静，尽快去拜会法军总指挥，尽快完成此行的任务。"华盛顿不止一次地提醒自己的印第安同伴。但是，亚王却告诉他不必担心。在等候法军总指挥期间，华盛顿了解到法国人已经在伊利湖区修建了四座要塞，每个要塞有 150 名左右士兵，彼此之间可以互相呼应。

12 日，华盛顿一行终于在伯弗堡见到，法军总指挥圣皮埃尔先生。华盛顿向他呈递了丁威迪总督的信件，被告知回去稍候。利用在伯弗堡的机会，华盛顿详尽地了解了法军的虚实，并详细地记录了这里的情况。

"它几乎是由一条小溪及它的一条支流包围而成的'小岛'，四间房屋构成了该堡的四面，尖顶的棱堡筑在高约 12 英尺楔入地下的木桩上，棱堡上有炮眼和枪眼。堡内设有警卫室、教堂、医生住所和总司令私邸……"华盛顿对要塞的制高点以及同军事活动有关的一切细节观察得细致入微。他还让随行的人调查来往伯弗堡船只的数量：50 条桦木小船、170 条松木船。

几天以后，法军总指挥正式会见华盛顿，声称这片土地归法国所有，英国人无权在这片水域进行经商活动。最后，他要求华盛顿在一份文书上签字。范布拉姆审核了这份文书，说没有什么问题，但是实际上他不懂法语，华盛顿因信任他而上了法国人的当。这份文书说华盛顿代表丁威迪总督承认法国人拥有俄亥俄河流域。但是华盛顿并不知晓。

　　拿到法方的复信后，华盛顿马上催促亚王他们一起启程返回。在印第安人称为"杀人城"的小镇附近，华盛顿和翻译官差点被一队印第安人用枪射死，吓得他们连夜逃跑到孟农加希拉河边，华盛顿和翻译官用身边唯一的一把斧子砍伐树木，好不容易才造了一艘木筏，顶着巨块裂冰撑篙前行，横渡布满碎冰的河流。不幸的是，途中华盛顿跌入冰冷彻骨的河流中，几经挣扎之后，抓住木排上的木头才侥幸活命，同行的吉斯特的手脚都冻坏了。再向前行时，他们在大卡诺瓦河岸上遇见一群惊惶不定的印第安人，他们本来是准备参加战斗的，因形势不利赶紧往回撤，对华盛顿他们无心发起进攻。但是华盛顿心有余悸，赶紧往前走了。这趟艰苦的行程，华盛顿毕生难忘，他将其详细地记载在日记里。

1754 年 1 月 11 日，华盛顿抵达贝尔沃，然后前往威廉斯堡拜会丁威迪总督。当华盛顿风尘仆仆地站在丁威迪总督面前，呈上法方的信件时，丁威迪总督激动不已，要求华盛顿详细撰写一份专门的报告。华盛顿立即撰写了详尽的报告，如实指出法军非但拒绝放弃俄亥俄流域，而且已经为占领俄亥俄河流域做了大量的准备。这一消息震怒了丁威迪和英国政府，决定对俄亥俄流域采取军事行动。

困苦堡里的困苦

我自认为，在能干的指挥官或是通情达理的人的手下（我竭诚希望在这种人手下任职），凭借自己的勤勉好学，我将能够使自己的行为端正、不受指责，并将最终表现出自己无愧于这次提升。

——华盛顿

为了应对可能出现的英法战争，弗吉尼亚议会同意了丁威迪总督的提议，同意拨款 1 万英镑，用于招募、训练和装备士兵。

丁威迪总督把募兵人数增加到 300 名，分成

6个连，随时准备迎接即将爆发的战争。乔舒亚·弗赖上校担任指挥官，华盛顿任副手，领中校衔。

经过一段时间的艰苦训练，1754年4月2日，华盛顿率领一支军队从亚历山德里亚出发，前往俄亥俄河岔口的新碉堡。之前，丁威迪总督派特伦特上尉在那里新修了一个碉堡，以便与法国人抗衡。华盛顿此行的任务是要在法国人控制这一带之前，运送军需品给特伦特，充实碉堡的力量。

此时的华盛顿决心为英国国王和国家效忠尽职，对殖民地的事业充满了欢欣和期盼，一心一意要做出一番大事业来。但是，一片阴影悄无声息地罩住了华盛顿。丁威迪总督曾答应他可按中校军衔每天领得15先令的薪俸，而现在只同意支付12先令6便士，同英国正规军同样军阶的军官相比，每月要少15英镑。华盛顿有生以来第一次感受到殖民地人民受到了母国的歧视，这种对不平等的认知像种子一样埋进了华盛顿的心田。

经过十天的艰难行军，华盛顿的队伍到达温切斯特，这是他准备继续募兵和征集马车的地方。为了以最快的速度带着士兵和给养去俄亥俄河地区，用四轮马车显然是最快的。但是马车征集起来困难重重，华盛顿心烦意乱，焦急万分。最后，他只弄到十辆破旧的马车，马匹也老得不堪使用。在通过陡峭险峻的隘口时，这些马匹都拉不动车辆，只好由士兵用肩膀推着车轮前进。

就在艰难地前进时，一位上尉送来情报：800名法军正向俄亥俄河口逼近，英军据点随时会遭到法国人的进攻。听闻此消息，华盛顿更加心急火燎，命令部队快马日夜兼程。不久，又传来了尚未完工的英堡已被法军占领的消息。华盛顿不是一个轻言放弃的人，率领部队终于到达了威尔斯溪，与从英堡败退下来的特伦特会合。糟糕的是，特伦特上尉竟没有征集到一匹马，华盛顿的进军计划因缺乏运输工具而无法实现。

因此，华盛顿把夺取红石溪和莫农加希拉河的交汇地作为下一步的目标。因为这里是法军运送军火到俄亥俄河岔地区的必经之地，如果拿下这个地方，那么英堡还可以抢回来。但连日阴雨，道路泥泞不堪，华盛顿还是带着队伍向红石溪顽强行进。

5月17日，华盛顿收到了丁威迪的信。华盛顿从信中得知从纽约出发的两个独立连将从水路赶到这里。华盛顿知道，这是英国正规军，独立连的军官均由英王直接任命，不与任何殖民地民兵挂钩，完全独立行动。然而，这还不算什么。丁威迪信中对华盛顿部队的军官的薪俸限定得特别低，同独立连英国军官的待遇形成强烈的反差，让华盛顿怒气冲天。在斯蒂芬上尉的领导下，军官们起草了一份正式抗议书，请华盛顿转交丁威迪。在抗议书中，他们向丁威迪表达了自己对英国的忠诚，同时要求在军中志愿服役，拒绝任何报酬；他们坚持到新的军官到来。英国人早晚要为他们对殖民地人民的不尊重而付出巨大的代价。

5月25日夜，亚王派来一名印第安人信使，说他们在大草原附近的营地看到了法国人的足迹，深信他们的部队一定在附近埋伏着，请华盛顿率部与他们一起对付共同的敌人。

此时，夜幕深黑，暴雨倾盆，但是为了不贻误战机，华盛顿立即带领队伍沿着小路在森林中摸索着前进。直到太阳快升起的时候，他们终于赶到了亚王的营地。

亚王的信息是准确的，法国军队果然就在营地附近活动，他们对华盛顿部队的到来一无所知。华盛顿立即和亚王制订了一个突袭计划，并且付诸实施。

突袭开始了，华盛顿的人在右侧，亚王的人在左侧，悄悄逼近敌人。华盛顿第一个进入战场，法国人发现了他，双方马上猛烈地互相射击起来。华盛顿及其部下处于最暴露的位置，敌人的火力全部集中了过来。子弹在他身边呼啸着，一名士兵阵亡，三名士兵受伤。法国人死伤数人，溃退逃跑。华盛顿率领部下追上去，俘虏21人，仅一人逃跑。法军队长朱蒙维尔中弹身亡，军官德鲁容和拉福斯被俘。第二天，战俘由强大的警卫部队押送到丁威迪总督那里。

大草原附近的战斗是华盛顿生平指挥的第一次战役。对于首战告捷，华盛顿欣喜若狂，他在写给兄弟的信中说："我们取得了辉煌的胜利，我听到子弹嗖嗖飞过，真的，那种声音确实有些悦耳。"

但是人生的道路绝不是笔直的通天大道，它充满了曲折与变化、危险与失败。战场上的第一次胜利对于一个缺乏军事经验的年轻军人来说，往往潜伏着失败的危机，哪怕这个人是华盛顿也不例外。

华盛顿料到法军将进行报复性的进攻，他立即组织士兵挖战壕、修筑栅栏，并向弗赖伊上校要求增援。但是华盛顿的对手富有军事经验、老谋深算，他们并没有立即采取行动，而是秘密地调集部队，积聚足够力量，准备给华盛顿以致命的一击！

华盛顿没有等来弗赖伊上校的增援，反而是他的不幸去世的消息，而这时大草原营地的士兵们已经食不果腹了。丁威迪在6月4日写信给华盛顿，正式通知他接替弗赖伊之职，并擢升为上校军官。这让他感觉很沉重，因为这将意味着除了战争之外，他还要负责处理与"独立连"的关系。早在独立连到来之前，总督就来信要求华盛顿"特别尊重"独立连，以免引起不愉快的事情。

6月14日，独立连在麦凯上尉的率领下赶到大草原营地，华盛顿恭恭敬敬地接待了麦凯和他的部队。但是，麦凯另外择地设置营地，单独派出卫兵警戒，拒绝接受华盛顿规定的口令和暗号，这些让华盛顿的军官们感到很气愤，独立连的指挥官麦凯先生仅仅是上尉军官，却不听从高他三级的弗吉尼亚指挥官的命令！

为了开拓通向红石溪的道路，以便从法国人

为母国而战 第二章

手中抢回堡垒，华盛顿指挥自己的队伍冒着酷暑挥汗苦干，但是麦凯的部队却袖手旁观，无动于衷。华盛顿向丁威迪写信，委婉地表达了不满："……我希望麦凯上尉能明智些……他应该明白，虽然在待遇方面我们大大低于他们，但是我们具有同样地为我们仁慈的国王服务的精神，我们准备并愿意为我们的祖国捐躯。"从这时起，华盛顿的军旅生涯里总是杂音不断，在应对战争之余，他还要抽出不少精力应付来自内部的矛盾。

独立连既然难以调遣，华盛顿决定联合印第安人共同行动。他试图召开六个印第安部落酋长的会议，但是没有成功。就连亚王也因为种种原因离开了他。如此艰难的情况下，华盛顿并没有气馁，坚持占领红石溪的计划，准备在那里修筑碉堡固守待援。6月26日，一个信使报告，约800法军，以及400余亲法的印第安人正向华盛顿的驻地进发。由于两天前有两名英国士兵失踪了，法方恐怕已得知英军的虚实，华盛顿焦急万分，赶紧召集大家开会，一致决议在法军到来之前，部队撤到大草原去。形势一下子变得十分危急！

烈日炎炎，山路坎坷，士兵们饥肠辘辘，加

上运输工具缺乏，部队的转移难上加难。弗吉尼亚民兵在阿勒格尼山这条最崎岖、最坎坷的小道上，费了九牛二虎之力搬运几门大炮，慢慢前进，其艰苦状况难以想象。而走在旁边的英国独立连官兵竟然不屑伸手助一臂之力。"同胞"如此高傲冷漠的姿态，让弗吉尼亚民团官兵们产生疑惑，自认为是英国的子民，是不是他们以及其他英属北美殖民地人的一厢情愿呢？

这支半饥饿的部队终于在 7 月的头一天撤退回大草原，但是粮食还没有及时供应上来。一些人主张继续撤退，华盛顿坚持留守，理由是旅途劳顿，人困马乏，士兵们难以做长距离的撤退。华盛顿带领士兵在旷野上建筑堡垒，命名为"要塞堡"，因为状况艰难无比，又称其为"困苦堡"。困苦堡是个开放式的筑城，只有一层土墙和壕沟保护，它坐落在一片草地上，从山坡上往下看，堡中一切一览无遗。

还没等华盛顿做好充分准备，法军以最快的速度逼近困苦堡。7 月 3 日天刚破晓，困苦堡外突然响起枪声，法军开始发动攻击了，堡中的士兵（连三百人都不到）匆忙进入战壕应战。僵持到上午时分，天降大雨，法军放慢了攻击节奏，只是从山坡上以步枪向堡中猛射，华盛顿和士兵们在战壕里淋了几小时雨，弹药受潮根本无法使用。傍晚的时候，困苦堡的防线已经形同虚设，眼看华盛顿的部队将要支撑不住了。

法方指挥官传话过来，要求与英方谈判。经再三商议，华盛顿在7月3日午夜签署"投降协定"。7月4日上午，在法军的监督下，华盛顿带领残部撤出困苦堡，颓然回到弗吉尼亚。这场艰苦的军事行动终于在困苦堡的一片狼藉中落下了帷幕。18年后，华盛顿写给亚当斯·斯蒂芬的信中追忆道："7月3日……我不能不激动地回忆当时的逃跑经过。……我祈望，庇护着我们的同一上苍……能继续大发慈悲保佑我们……"可以想象，当时华盛顿的部队的状况多么糟糕，心情多么低落。

1754年10月，英国殖民当局为了消除正规军和殖民地军队的矛盾，发布条例规定："英王和英王在北美的总司令所委任的全体军官，其地位应在各行省省督所委任的全体军官之上。此外，北方部队的将级和校级军官在和英王委任的将级和校级军官一起服役时没有任何军阶，但皇家部队的全体上尉及其他下级军官，其地位应在任职较久的同级地方军官之上。"这一条例对殖民地军队带有明显的歧视性质，对于雄心勃勃的华盛顿来说更是一种沉重的打击，因此，他愤然辞去军职，离开威廉斯堡回到家乡。

迪凯纳堡远征

如果我有权决定我可以不再去俄亥俄，我将决不会去，但如果这个国家的民意要求我必须去，而且这是不可违抗的，那么如果我拒绝，将会给我带来永久的耻辱。

——华盛顿

1755年春天，春风吹拂的弗吉尼亚表面看来很和谐安宁，实际上已经陷入更加紧张的备战状态了。英法两国已经正式宣战，展开了对北美殖民地的争夺。英国派出三支远征队到北美同法军角逐。其中一支由60岁的爱德华·布雷多克少将任指挥，以攻占法方的迪凯纳堡（今匹兹堡）为目标。

布雷多克的部队一到弗吉尼亚，便给当地人耳目一新的感觉。殖民地民众第一次看到这样壮观的军威：巨大的英国舰只在波多马克河上游弋，时不时有隆隆的炮声传来，划破静谧的长空；骑着高头大马、着红色军服的英国士兵频繁往来，到处都是刀光剑影……华盛顿目睹这一切，心潮澎湃，情绪激昂，他渴望重新回到战场，于是向布雷多克委婉地表达了自己的意愿。

布雷多克对华盛顿有所耳闻，并且他的部队很需要这样一位勇敢而且熟悉当地情况的青年军官，于是立即向他发出了邀请。1755年3月下旬，华盛顿高兴地接受了布雷多克的邀请，担任了上校副官。

5月19日，450名殖民地民兵和1300名英军士兵在坎柏兰堡会合，准备开往迪凯纳堡。布雷多克听取了华盛顿的建议，走一条捷径前往法堡，而且还派出行军速度比较快的一支队伍作为先锋。鉴于困苦堡的失败教训，华盛顿还向布雷多克将军建议：一切军事行动要充分考虑北美道路困难、运输工具匮乏的现实情况。但是殖民地军民对英国红衣军团的崇拜已经冲昏了他的头脑，他哪里听得进去任何人的意见。在他的指示下，英军先锋部队严格按照"正规军"的惯例办事，逢山"开路"遇水"搭桥"，队伍行进极其缓慢，四天的时间才走了12英里。

华盛顿看在眼里，急在心里。

"尊敬的将军，我们不能这样对道路状况吹毛求疵了，您看这一带地形这么险，要提防法军给我们设下埋伏呢。"华盛顿再次催马上前，提醒一派绅士风度的布雷多克将军注意提防敌人的伏击。

布雷多克将军端坐在马上，皱了一下眉，下巴抬得高高的，自顾自地领着副官们往前走了。这一次他不想和这个喋喋不休的年轻人争吵了，反正这一次，他不打算"计较"。

华盛顿好几次在写给兄弟奥古斯丁·华盛顿的信中抱怨道："我们争论的次数很多。双方都争得面红耳赤，他那一方尤其是这样，固执地坚持自己的见解，不管这种见解同理性或常识多么不能相容。"

这时，华盛顿竟然得了急性高热，军医建议他休养一段时间，不然性命堪忧。布雷多克将军让他留在部队的后面，华盛顿接受了安排。华盛顿一直放心不下，身体稍微好转便赶紧加入了大部队，但他的那匹好马没了踪影。可见布雷多克将军的队伍的管理有多混乱。

经过一个多月的行程后，这支军队终于到达距迪凯纳堡仅 7 英里的孟农加希拉河畔。7 月 9

为母国而战　第二章

日，艳阳高照，布雷多克的主力部队开始渡河，后边的士兵们则漫步在他们辟出的 12 英尺宽的林间道路上，用华盛顿的话来说，"大家看起来仿佛都是准备去参加宴会而不是准备去战斗"。突然一声枪响，紧接着传来印第安人让人惊悚的吼叫，然后是一片密集的枪声，一支埋伏在树林里的法军和印第安人向英军发起了猛烈的进攻。华盛顿急忙向将军报告，这是印第安人发起偷袭了，现在应该立刻把部队疏散到周围的树林中去，这样还可能"以其人之道还治其人之身"。可是布雷多克坚持使用操场上排练的战术——"列队前进"。于是，1000 多人在狭窄的林间小道上挤成一团。华盛顿痛心不已，顷刻间成了人间炼狱。

拥挤在林间小道上的英军成了藏身林中的法军和印第安人的活靶子，鲜血染红了大地，英国士兵们纷纷弃枪逃逸。印第安人呼啸着冲击而来，将战死和性命垂危的士兵的头皮削了下来。

虽然布雷多克展示出了一个将军的勇气和决心，但是这些抵挡不住法军的火力。布雷多克将军身负重伤。华盛顿辗转于枪林弹雨之中，毫无惧色，沉着应战。勇敢的弗吉尼亚民兵和他一起浴血奋战，战斗到最后只剩了不到 30 人。身负重伤的布雷多克将军三天后离开了人世。

7月18日，劫后余生的华盛顿在坎伯兰堡给兄弟写信说："由于上帝全能的意旨，我得到近乎神奇的保佑：有四颗子弹穿过我的外衣，而我骑的两匹马先后被击毙，但是我本人竟然毫发无伤地得以幸免。我们被数量上微不足道的敌人打败了，实在是太丢颜面了。"

战事结束，华盛顿拖着疲惫的身体于7月26日回到弗农山庄，回顾几年来所走过的道路，他情绪消沉，失落感油然而生：出使法军堡垒时，得到的报酬不够开销；后来带领民兵去俄亥俄河，结果大败而归，还降低了军阶；这次随布雷多克出征，他的马匹和东西又都"丢得一干二净"。

好在华盛顿的情绪恢复得很快。当弗吉尼亚的殖民议会任命他为"弗吉尼亚民团上校及弗州部队总司令"时，他给母亲写了一封短信表明自己的志向，"如果我有权决定我可以不再去俄亥俄，我将决不会去，但如果这个国家的民意要求我必须去，而且这是不可违抗的，那么如果我拒绝，将会给我带来永久的耻辱"。

1755年秋天，华盛顿以弗吉尼亚民团上校的身份前往坎伯兰堡，出发保卫西部边境。这时，英军司令认为不值得为俄亥俄流域流血牺牲，直接将兵力调向北方。所以，当华盛顿接受任命后巡查坎伯兰堡时，发现情况一团糟，士兵毫无军纪可言，要塞缺乏物资，弄得大家士气低落，没有一个人有信心保卫弗吉尼亚。

华盛顿决心重整军纪、振奋军心。在此后两年多的时间里，他随军驻在荒凉僻远的地方，整天忙于军务，招募新兵、劝说士兵安心驻防。在长达350英里长的防线上，常常可以看到华盛顿骑着马东奔西走的身影。

华盛顿最想要的是弗吉尼亚议会授予他进攻法军迪凯纳堡的自主权，但是议会并不了解边疆地带的艰苦，总督对他的许多重要建议，诸如修筑堡垒，加强防卫力量等不理不睬，拖拉不办。

在战争压力和被忽视的双重冲压下，华盛顿的精神和体力遭到严重的损害，抵抗力急剧下降。1757年末，华盛顿患了痢疾，他不得不返回弗农山庄躺了整整四个月。

1758年4月，英国正式与法国交战。英军决定在迪凯纳堡再战，由福布斯准将率领7000名英军向法军发起进攻，华盛顿和弗吉尼亚民团也加入战斗。这次战役以英国的胜利告终。法军因为给养不足，一把火烧了迪凯纳堡，然后逃之夭夭。

在狼藉的战场上，华盛顿回顾过去几年里他和弗吉尼亚民团所承受的那些痛苦，五味杂陈。在这四年的军事生涯里，华盛顿破除了对英国皇家正规军的迷信，看清了他们的弱点；同时也初尝了殖民地人民受歧视的苦味：同样级别的军官却得不到相同的薪俸，殖民地人民不能担任高级军官，士兵的待遇甚至不够购买鞋、袜、衬衣，而英军士兵每天除发给八便士，尚有必需品的配给……因为这种差别待遇而尝到的苦果，让弗吉尼亚的众多"华盛顿"想到了——团结。

1759 年 1 月 10 日，华盛顿依依不舍地暂时离开了火热的战争生活。

为母国而战　第二章

第三章
为独立而战

弗农山庄的女主人

我想我现在是在这里安居乐业，身边有一位可人的终身伴侣。与曾经经历过的扰攘尘寰相比，我希望从解甲归田中获得更多的幸福。

——华盛顿

1758 年，华盛顿在弗吉尼亚边境过着闲淡生活，觉得前途一片黯淡的时候，一位美丽而温柔的女性闯进了他的心扉，她就是 26 岁的马撒·卡斯蒂斯。卡斯蒂斯出身望族，是一个生性温和、待人有礼、善于持家的美丽女士。认识华盛顿的时候，她刚刚失去了自己的丈夫。在她的前一段婚姻里，育有一子一女。丈夫过世后，卡斯蒂斯很是悲伤，每天强打精神度日。

那年 5 月的一天，回家养病的华盛顿从弗农山庄去威廉斯堡送公文，中途在威廉渡口的朋友张伯伦少校家进餐，在餐桌上他见到了马撒·卡斯蒂斯。自从深陷于繁忙而琐碎的公务后（1758年华盛顿当选为弗吉尼亚议会议员），当年因"低地美人"而产生的强烈情感已经许久不曾冲击过华盛顿了。但是这位南方女性迷人、坦率、可爱的马撒，再次激起了华盛顿内心的涟漪。幸运的是，马撒也对气宇轩昂的华盛顿一见倾心。两个年轻人在那个午后娓娓而谈，任时钟悄悄地摆动。不知不觉间天黑了，华盛顿因公务在身不得不告别马撒，往西部营地而去。

没过多久，华盛顿在归途中特意去探望马撒。这一次华盛顿发扬了自己作为军人的特质，速战速决，很快便向马撒吐露了心声。于是，他们很自然地走到了一起，向对方许诺准备共度人生。

夏天，华盛顿奉命西进，途中他给心上人马撒写信倾诉感情："我们已开始向俄亥俄进军。趁信使赴威廉斯堡之便，匆匆写几句话给你——与我生命相连的人。自从我们誓结同心之日起，我的思想一直萦回在你的身边，你好像就是另一个'我'。你永远忠实而亲爱的朋友在为你祈祷，希望万能的主保佑你和我的安全。"

1759年1月6日，华盛顿和马撒·卡斯蒂斯喜结良缘。隆重的婚礼在马撒·卡斯蒂斯的名为"白屋"的寓所进行，当地各界人士均应邀出席。

与华盛顿结婚后，卡斯蒂斯专心操持家务，照管这个家庭，在漫长的岁月里安心地等候和陪伴华盛顿，一直到他过世。自然，华盛顿对马撒的爱也报以忠诚和温柔，在他不得已连年征战时，总是惦记着远在家乡的妻子，请亲人朋友照顾她，有时还接马撒到军营相聚。

这对新婚夫妇在白屋度完蜜月后，带着年幼的孩子们前往弗农山庄，准备开始全新的弗农山庄岁月。

出发以前，华盛顿写信给自己的管家约翰·奥尔顿，让他做好迎接女主人的准备。果然，弗农山庄以最热烈而庄重的方式迎接他们归来。

从此以后，弗农山庄成了华盛顿最温暖的家园。他自豪地描绘家园：庄园气候宜人，它坐落在世界上最好的一条河流的岸边，一年四季河中漫游着各种鱼类，美洲鲱鱼、鲈鱼、鲤鱼、鲟鱼……庄园的边缘地带经受着潮水的冲刷，简直就是一座完美的渔场！在经过多年的征战、闯荡、漂泊以后，华盛顿更加珍惜家庭生活的温馨、缠绵。在这个时期，不善于倾吐感情的他克制不住地和友人分享自己的快乐："我目前的情况是和一位可人的终身伴侣在此定居。我希望解甲归田，与我所经历的扰攘尘寰相比，我会得到更多的乐趣。"

华盛顿一直对土地、财产有很明确的、符合规范的追求方式，对于庄园的经营，他更是有着明确的计划。婚后，华盛顿继续往西部扩展地产。他已经购置了约5000英亩的土地，拥有奴隶49名。成家后，马撒给他带来了17000英亩土地和300名奴隶。华盛顿一下子成了拥有22000英亩土地和349名奴隶的弗吉尼亚大种植园主。对此，华盛顿并不愿意坐享其成，相反，他把这一切都当成责任和义务，用一种积极进取的态度去经营。

在那个时代，一个种植园就是一个小小的独立王国，不但自身"五脏俱全"，而且要同外界发生密切的经济联系：购买需要的商品，将土地上的产出交给附近的商船，运到波多马克河外甚至英国去销售。一个成功的种植园主必须具备精明强干的管理能力和娴熟的经济知识，以及不可

第三章 为独立而战

缺少的果断魄力。

华盛顿是弗农山庄的最高决策人，庄园的宅邸就是他的司令部，阵地则是山庄下的五个农场。华盛顿把这五个农场安排得妥妥帖帖，每个农场都有独立建制的管理所，五个农场之上有一个总监工，直接对华盛顿本人负责，每周报告一次工作。除农场，还有各种手工作坊，有鞋匠、工匠、裁缝、铁匠、泥瓦匠、车夫，等等。华盛顿亲自管理这一切，他从小养成的清晰记账的习惯，现在充分体现在弗农山庄的产出登记及其与外界的一切交易往来上。华盛顿的账目，无论什么时候打开，都是清清楚楚、明明白白的。商人们很愿意跟他打交道，因为没有让人费解的模糊数据。

严于律己的华盛顿始终保持着军人的生活习惯。每天，天刚蒙蒙亮，他就起床在烛光下读书或写信，七点半左右准时早餐，然后骑马到各农场巡视。在工作中，他遵循"无论干什么都必须干好"的原则，让工人们将庄园内的每一样东西都安排得井井有条、美观整洁，哪怕为之花费大量管理费用也在所不惜。靠着大家的努力，庄园的生产有了大幅的增长。

那时烟草是弗吉尼亚（包括南方其他英国殖民地）乡村中最主要的经济作物。"种烟草几乎成了有地产者的唯一目标"，华盛顿也不例外。他出产的烟草主要由罗伯特·卡里公司等英商代理人负责。其实这些代理人往往凭借自己与英帝国的沟通之便，做些损害殖民地生产者的事情。哪怕是面对华盛顿这样的弗吉尼亚大种植园主时，也不例外。他们利用工作之便，一方面在收购烟草时有意压低收购价格，一方面又买进华盛顿买进的不太需要然而很昂贵的英国货。尽管华盛顿在信中明确要求代理商给他寄些"最时髦"的货物来，但他收到的往往是过时货。

由于宗主国与殖民地之间的不平等贸易，使殖民地遭到严重的经济损失。1764 年以后，北美各殖民地从英国进口商品价值 50 万英镑，而出口商品价值 30 万英镑，这种贸易逆差造成的后果，就是各殖民地所积聚的硬币和财富都"集中到了大不列颠"。

为了摆脱经济上的困境，华盛顿的庄园改种小麦、玉米、马铃薯、燕麦等粮食作物，1769 年小麦产量为 1760 年的六倍。小麦增收后，销售情况却不尽如人意，华盛顿决定生产面粉，为此他改建了原来的旧磨坊，提高面粉质量和磨坊生产能力。生产出的面粉色泽鲜亮、质地细腻，质量非常好，赢得了广泛的赞誉。由于面粉质量高，凡是盖有弗农山庄印记的面粉桶可以不经英国人的检验而直接进入市场。后来，当小麦、面粉价格低落时，华盛顿便组织生产饼干。靠着他的苦心经营，弗农山庄的经济情况越来越好，逐渐成了弗吉尼亚颇有声望的种植场。1770年，华盛顿又添置了大量的地产，其中包括当年留下了噩梦的困苦堡附近的土地。

华盛顿向来对外面的世界保持着强烈的兴趣。回家定居后，新朋旧友纷纷赶来看望他，这让华盛顿感受到了友谊带给他的温暖。白天招待完客人，晚上他经常兴致勃勃地给有一段时间不曾谋面的朋友写信，讨论庄园的产出、伦敦的时兴商品或者外界的局势。有些对他感兴趣的人也来到了弗农山庄，虽然素昧平生，他们也能够获得主人的真诚接待，享受到山庄出产的新鲜食物，于是吸引了更多的人前来拜访。虽然这会给华盛顿造成一定的压力，但是他还是交代管家不要让前来访问的人失望而归。华盛顿对周围的邻居更是慷慨解囊。他的一位管家曾回忆说，他从华盛顿将军那里得到命令，每年把庄园外围的粮仓装得满满的，目的是给那些有需要的邻居提供"最及时""最珍贵"的救济，解穷苦妇女和孩子们的燃眉之急。

正当华盛顿在无花果树的树荫里同朋友畅怀叙谈、纵马猎狐、打球赛马的时候，英国王室新出台的殖民政策似狂风恶浪猛烈冲击着北美大地，撞击着殖民地人民的心。

从1762年起，华盛顿在与罗伯特·卡里公司的信件往来中委婉地抱怨自己的烟草利润被大大压缩了，这种情况到1769年后更加严重。当华盛顿仔细检查自己的账目后发现，英国代理公司的船运、保险及英国关税的费用几乎把他的烟草利润搜刮殆尽。代理公司的做法是当时的普遍做法，华盛顿只是受害者之一。正是因为这种普遍的压制促进了殖民地人民的团结和凝聚。

声援波士顿

波士顿的事业——我指的是他们反抗那些暴虐措施的行动——现在而且永远将被认为是美洲的事业。

——华盛顿

1763 年，北美的战事以英国胜利而告结束，英法双方签署《巴黎条约》。根据《巴黎条约》，法国放弃在北美的一切军事和政治权利。战争的结束既是英国同其北美殖民地"和谐"关系的终点，又是两者矛盾日深的起点。当年 10 月 7 日，英国王室颁布命令，北美阿巴拉契亚山以西的土地统归英国王室所有，"严禁忠良臣民在该地区购买土地或定居，违者将予以惩罚"。这使得北美殖民地的移民想进一步在西部购买土地的愿望成为泡影，但是当初英国为了调动弗吉尼亚人起来对抗法军，曾经许诺让他们开发弗吉尼亚以西的大片土地。王室的出尔反尔深深地打击了殖民地人民。然而这只是新一轮压制政策的开始。

1764 年，为了将英法战争的大笔军费开支转嫁到殖民地人民的头上，英国方面又颁布了"糖税法"，目的是要在"国王陛下的美洲领地征收税收，以支付各该领地之防卫、保卫与安全费用"。

1765 年，英国政府变本加厉地通过了"印花税法"，规定凡是殖民地出版的一切报纸、小册子、广告、历书、契约、法律文件、甚至大学毕业文凭都必须贴上票面为半便士到 20 先令的印花税票。这无疑是直接地、公开地掠夺殖民地人民的财产。北美人民认为英国的做法不但是经济上强取豪夺，更是在剥夺北美人民神圣的立法权利。从此，殖民地人民掀起了反印花税法的斗争，斗争的浪潮从北到南遍及大西洋沿岸。

在波士顿，群众举行火炬游行，还把正在建筑中的税局大楼捣毁，又砸了税吏家的门窗，当众逼迫税吏辞职。在纽约，愤怒的百姓冲进一名英国军官的家里，因为这个军官曾经恶狠狠地扬言："要把'印花税法'从人们的喉咙里塞下去。"人们铲平了他家的花园，砸碎了他家的家具。愤怒的纽约人冒着严寒走上街头，把新运到纽约港的10箱印花税券付之一炬。

在这期间，华盛顿一直忙于处理身边的杂务，虽然没有义愤填膺地抨击"印花税法"，但是在给住在伦敦的弗朗西斯·丹德里奇的信中，他比较坦率地表达了对"印花税法"的看法："大不列颠议会强加于殖民地的'印花税法'已成为移民们日常谈论的唯一论题。他们认为这一违宪的税法是对他们的自由的可怕进攻，并大声疾呼反对此种侵犯。这一税法及其远非明智（我认为我可以这样形容）的措施，将激起何种后果，我不愿冒昧断言，但它为母国带来的利益将

为独立而战　第三章

大大小于内阁的估计却是我敢于肯定的。"

华盛顿认为，"其产生的恶果首先将是使我们的法院关门大吉。因为在目前的情况下，即使我们甘心情愿将国会法案付诸实行，要让人人遵守是不可能的（或者是接近不可能）。不仅由于无钱交付印花税，光是这一条理由已够充足，而且还有其他许多难以反驳的理由阻止他们这样做。"

与外界保持密切联系的华盛顿对北美人民反对"印花税法"的正义立场了如指掌，他这个时期的态度可说是开明、进步、积极的。

1766年3月，在北美人民纷起的斗争下，英国政府被迫取消了臭名昭著的"印花税法"，消息传来，到处都是庆祝的人群。华盛顿也以愉快的心情写道："无论根据什么原因废除印花税法，都是应该拍手称快的，因为，如果大不列颠议会不顾一切地强迫实行印花税法，我想它给祖国及其殖民地带来的恶果，要比一般所担心的更为可怕。因此，所有致力于促成废除印花税法的人，都有资格受到每一个英国臣民和我自己的衷心感谢。"

然而，印花税法的被迫取消只不过是英国王

室面对强烈反抗而采取的"缓兵之计"。1767 年初，查尔斯·汤森担任英国财政大臣以后，他多次提出向北美殖民地征税的新法案——"汤森法案"，规定英国向北美殖民地输出的商品，如：玻璃、铝、颜料、纸张、茶等课税，一年可获 4 万英镑税款；还规定设在波士顿的海关直接对英国的财政部负责，甚至规定英国税吏有权闯入殖民地的民房，搜查违禁品和走私物资；该法案还蛮横地宣布解散纽约议会。法案在 6 月得到王室批准，11 月 20 日正式在英国的北美殖民地推行。

汤森税法使英属北美殖民地的人们愤怒了。约翰·迪金森在 11 月的《宾夕法尼亚记事》上发表了《一位宾夕法尼亚农民的公开信》，这是他一系列公开信的第一封。他以信件的形式，指出英国国会最近通过的法案，如同"印花税法"一样，原则上危害了殖民地的自由，因为它剥夺了纽约立法机关的权力。"在我看来，这是对纽约人民自由的一种侵犯。这和派出军队施加武力迫使我们屈从没有什么两样。"在第二封信中，迪金森进一步激烈地指出，英国议会不征得殖民地民众的同意，强行把钱从殖民地民众的口袋里掏走，这样做符合法律吗？如果可以这样的话，那殖民地民众引以为自豪的自由就会化作泡影，徒有虚名了。迪金森的书信说出了大家的心声，进一步激发了大家的愤怒情绪。

这时，马萨诸塞议会通过了一份由塞缪尔·亚当斯（约翰·亚当斯的堂兄）起草的联络全大陆的通告信，呼吁各殖民地团结起来共同抵抗英国的欺侮，"向最仁慈的君主提出谦卑、恭顺而又忠诚的请求"，但遭到殖民当局的严厉处置，马萨诸塞议会被迫撤回信件，后被强行解散。1768年9月28日，马萨诸塞各城镇的代表聚会抗议英国当局的决定。当天，英国军队进驻波士顿……北美大陆的形势急剧变化，"山雨欲来风满楼"。

弗农山庄也变得热闹起来。华盛顿直觉地感到，眼前的矛盾、冲突、争斗必然愈演愈烈，甚至预感有可能酿成流血的战争！虽然华盛顿此时还没有走到时代的最前列，也没有卷入群众斗争的旋涡，但是他在为英国也为整个北美殖民地的前途忧虑，寻求未来的出路。

这里有必要提到一个对华盛顿这个阶段的思想起到重要作用的人物——乔治·梅森。梅森是一位具有渊博法律知识的学者，住在离贝尔沃不远的一座幽静的庄园里。华盛顿经常去拜会他，两人常常在弗吉尼亚乡村畅谈，讨论天下大事。梅森的思想使华盛顿耳目一新，茅塞顿开。华盛顿回忆说，梅森"天生的自由精神第一次告诉我，行政当局一段时间以来推广的措施同每一条自然正义原则都背道而驰"。华盛顿的胆略与勇气也给梅森留下了深刻、难忘的印象，他们后来在美国独立和建国的事业中，长期协同作战，共同为美国开创了崭新的局面。

1768 年的一天，当华盛顿和梅森再次谈及殖民地的命运时，华盛顿抑制不住自己奔涌的情感，把深藏心底的想法告诉梅森："无论什么时候，只要祖国召唤，我就重新扛起毛瑟枪！"看着华盛顿坚毅的眼神，梅森大为感动，他相信这个不轻易表达的人将来肯定会为北美开创新的天地。

1769 年 4 月 5 日，华盛顿在弗农山庄给梅森写信说："当不可一世的大不列颠老爷们必欲将我们的自由剥夺净尽而后快的时候，采取一些措施以防毒手，而保卫我们源自祖先的自由势在必行。但以何种方式行事始能有效，尚有争议。为了保卫与我们生命的一切息息相关的无限宝贵的天赋自由，我们每一个人都应义无反顾地拿起武器……这就是我直截了当的意见。但我想补充一点，即武器……应该是最后手段，就是最后一件法宝。向国王请愿，向议会陈述，劝说都已无济于事。抵制他们的商品，断绝他们的贸易，能在何种程度上使他们回心转意，重视我们的权利，尚待一试。"

之后不久，华盛顿和梅森商议了一项禁止英货的计划，并由梅森起草成文，在弗吉尼亚传播开来。

华盛顿作为一个富有的种植园主，曾一贯珍视英国为祖国、"母国"；自称为英国的忠顺"臣民"，然而在英国王室的殖民政策的逼迫下，他渐渐从不平、不满走上反英的道路。他在反英道路上虽然起步较晚，但步履稳健、行动扎实，所以他不但跟上了时代的步伐，而且成为走在斗争前列的先驱者。

1770年3月5日，发生了触目惊心的"波士顿惨案"。一个英国士兵在街头肆意凌辱一位北美的学徒，消息传开，人们义愤填膺，怒不可遏，居民纷纷集合起来用雪球扔掷英国兵，并高呼："我们要赶走这些该死的恶棍！"英国军官普瑞尔顿上尉竟然下令向手无寸铁的北美居民开枪，结果当场打死5人。

英军的暴行激起了殖民地人民高涨的反英怒潮，人们纷纷组织起来。1772年11月，波士顿成立了北美第一个革命组织——"通讯委员会"，接着马萨诸塞的几十个城镇相继出现通讯委员会。1773年3月，弗吉尼亚也仿效建立革命组织；7月，罗德岛、康涅狄格、新罕布什尔、南卡罗来纳各殖民地的通讯委员会如雨后春笋般蓬勃出现，北美人民的反英斗争达到了新的水平。

波士顿发生惨案的当天，大西洋彼岸的伦敦又通过了新的议案：为了保存英国对殖民地的征税权，英国政府取消"汤森税法"，但是保留对每磅进口茶叶征收三便士的税款。

然而，英国当局的打算落空了，波士顿人民用震撼欧美的"波士顿倾茶事件"，回敬了大不列颠老爷们妄图保存"一丁点权力"的计划。

1773年冬，东印度公司三艘运送茶叶的商船不顾北美人民的反对，在寒风中驶入波士顿海湾，妄图在北美强行推销茶叶。12月16日晚上，港湾一片漆黑，只听得涛声阵阵。一群波士顿爱国青年化装成印第安人的样子，悄悄登船，把价值 18000 英镑的 342 箱茶叶悉数倒入海中！北美人民用行动彻底否定了英国王室向殖民地征税的权力。

英王乔治三世闻讯勃然大怒，他愤怒地说："局面现已无可转圜，殖民地不是投降，就是胜利。"英国议会很快通过了新的法案，其中之一便是关闭波士顿港，从海上、陆上断绝波士顿的通商活动；二是裁减马萨诸塞州的自治权，由英王直接委任议会议员，所有地方官吏均由总督任免；三是"驻军法案"，英军进驻波士顿，可以在殖民地一切旅馆、酒店及其他公共建筑物自由驻防；指定俄亥俄以北、宾夕法尼亚以西的土地归入由英王直辖的魁北克殖民地。根据规定，这些法案将于 1774 年 6 月正式施行。

各殖民地人民认识到问题的极端严重性，波士顿的今天或许很可能就是他们的明天，大家"同声相应、同气相求"，纷纷站出来声援波士顿。

1774 年 5 月 16 日，弗吉尼亚议会在威廉斯堡开会，自 1769 年被解散后该地的议会一直没有复会，直到新总督邓莫尔勋爵上任才再次召开会议。华盛顿也出席了会议。议会在 24 日通过决议，把 6 月 1 日定为"蒙耻日"，号召人民禁食，并为波士顿人民祈祷。

25 日上午，议员们正在进行热烈讨论时，邓莫尔总督以弗吉尼亚议会的决议措辞"触犯了英王的尊严"为由，宣布大不列颠议会授权他解散议会！

议员们聚集到雷利酒店继续开会，大家通过决议宣称：封锁波士顿的法令是企图毁灭整个北美的自由权。29 日和 30 日，包括华盛顿在内的 25 名代表继续开会，经过一番激烈争论，大家一致签署了一份通告：号召 8 月 1 日举行弗吉尼亚全体会议，并建议召开北美洲联合殖民地的大陆会议。

经过英法战争的洗礼，各殖民地人民要求加强联合的呼声日益高涨。

6 月 1 日，英国高压法令生效。从北方到南方，整个北美殖民地人民用不同的方式表达了他们的抗议。费城，商店全部关闭，街上挂起半旗，教堂里集合着愤怒的人们。在弗吉尼亚的威廉斯堡，华盛顿和他的同胞们怀着沉重的心情走进教堂，默默地为波士顿人民祈祷。

1774 年 6 月下旬，弗吉尼亚议会的会议结束。华盛顿风尘仆仆地从威廉斯堡回到弗农山庄。没过多久，华盛顿再次离家，到费尔法克斯县主持召开居民会议，会议决定于 7 月 18 日召开全县大会，还成立了以华盛顿为首的起草委员会，负责草拟决议书。决议写道：费尔法克斯和波士顿等其他殖民地有共同的理由呼吁，如果暴行不停止，一个月后他们就中止和英国的商品进出口贸易关系，一旦出口停止就意味取消了对英国债务的偿还。决议第 17 条还提出，在危难和遭灾时期，应该禁止奴隶输入，"我们借此机会宣布我们最迫切的希望是看到这样一个邪恶、残忍、违背自然的贸易永远被全面禁止。"

北美人民掀起的反英怒潮持续地冲刷着华盛顿思想中留存着的犹豫、彷徨和观望；炽烈的情感和对暴行的憎恨在他的心中交织在一起汇集成一股力量，推动他不断向前。

1774 年，老朋友布赖恩·费尔法克斯（费尔法克斯勋爵之弟）写信奉劝华盛顿，应该采取向英王请愿的温和办法，不要操之过"激"。7 月 4 日，华盛顿在回函中明确表示了自己的立场和态度。"只要有一线成功的希望，在毕恭毕敬地向英王请愿的问题上，我衷心同意你的政治见解。但是，我们难道没有试过这个办法吗？难道我们没有向上院提出过陈情书，没有向下院提出过劝告书吗？可又有什么用呢？有人有系统有步骤地计划把征税的权力和办法强加于我们，这难道不是有如中天之日，昭然若揭吗？……在要求赔偿东印度公司的损失以前，就向波士顿人民的自由和财产发动进攻，这难道还不足以明白地证明他们追求的目的是什么吗？现在又通过了两个法案，一个要求取消马萨诸塞的宪章，一个要把违法者解送到其他殖民地或英国受审，而在那里，由于自然之理，他们是不可能获得公平的处理的。这难道还不足以使我们警惕政府决心一意孤行吗？……"

7月18日，费尔法克斯县大会开幕，华盛顿和梅森为此不停忙碌。华盛顿在日记上写道："7月17日，梅森下午来我家，整整待了一个晚上。7月18日去亚历山大里亚出席县大会，晚上归家。"

布赖恩·费尔法克斯或许意识到全县会议的目的，因此在委员会即将讨论决议案时，即7月17日又写信给华盛顿，反对决议草案中的一些激进意见，还要求会议能公开他的信件。数天后，华盛顿给布赖恩又回了一封"很长"的信，阐明了

为独立而战 第三章

他的看法："关于以何种方式击败（废除）这一遭到激烈抨击而且应该遭到抨击的法案，你我的意见有很大的分歧，这一点我将毫不犹豫地承认……我认为，不经过我同意，英国议会就无权将手伸进我的衣袋里随便掏钱，正如不经过你同意，我也无权把手伸进你的衣袋里去随便掏钱一样。"对此，布赖恩·费尔法克斯不耐烦地回答："所谓的争议和革命，不过是反叛分子捏造的说辞。"这等于宣告了弗农山庄和贝尔沃庄园之间友谊的决裂，因为所持立场的不一致，两个家族之间延续了几十年的友谊至此难以为继。

1774 年 8 月，阴云笼罩着弗吉尼亚。华盛顿作为弗吉尼亚的代表之一，和乔治·梅森等人从弗农山庄出发，前往当时的政治和文化中心——费城，参加第一届大陆会议。此次与会代表共有 55 名，来自不同地区。他们有的家财万贯，有的才华出众，有的冷静睿智，有的辩才出众，各自有不同的兴趣和文化背景。当他们初次聚到一起时，按照与会代表约翰·亚当斯的回忆，"还有些人羞涩而易受到惊吓"。但是他们有一个共同的出发点，那就是坚决反对英国当局的专制统治，维护北美殖民地人民的平等自由权利。

享有北美第一演说家美誉的帕特里克·亨利在会上表示："我不是弗吉尼亚人，我是美国人。"闻言群情为之激昂，人人誓死为国。华盛顿虽无滔滔辩才，但他的远见卓识、领导气质和军事才能给人留下了难以磨灭的印象。康涅狄格州代表迪恩说，华盛顿"十分谦虚冷静，但充满魄力"。

大陆会议通过了《殖民地权利宣言》，宣布向英国国王递交反对强硬统治的请愿书，断绝和英国的商贸往来。会议还决定，由华盛顿负责组织一批训练有素的民兵队伍。1774年10月，为期51天的第一届大陆会议宣告结束，大会决定下次会议于第二年5月举行，华盛顿被选为第二届大陆会议弗吉尼亚代表。

出任大陆军总司令

我们已经拿起武器来保卫我们的自由、财产、妻子和儿女，只要不死我们就决心保卫这一切。我们愉快地期待着不久后的那一天，美国人民团结一致，充分享有自由政府的幸福。

——华盛顿

参加第一届大陆会议时，华盛顿和与会代表

们都持这样的观点，他们所有的抗争是为了维护他们本来就有的权利，这是一种与英国国民一致的权利。至于独立，那是他们还不曾考虑的事情。所以，当他们把《权利宣言》递交给英国国王时，内心充满着对母国的期望，以及对战争的不由自主的回避。

会议结束后，代表们就匆匆赶回家园。华盛顿更是着急回家，自从波士顿形势紧张起来后，他将大部分的时间和精力都用在殖民地事务上，顾不上弗农山庄。这时，马撒因为失去了女儿，儿子也不在身边，内心孤独而痛苦；母亲玛丽年事渐高，她的所有事务都需要华盛顿处理。可以说，这一切都牵扯着华盛顿的心，他没法再耽误一分钟了。

然而，形势越来越严峻。大陆会议的请愿书被粗暴地拒绝了，乔治三世和英国议会决定立即派兵前往北美，好好教训这些"卑微"的殖民地子民，让他们臣服在皇家军队的威力之下。1775年，乔治三世派往波士顿的军队增加到4000人，由盖奇将军统领，而更多的英国士兵还在源源不断地向波士顿集结。英勇善战的马萨诸塞人很快组织起来，准备迎战。

1775 年 4 月 18 日，在波士顿郊外莱克星敦，民兵与身着红色军服的英军展开了战斗。英军原准备当天晚上偷袭民兵们设在康科德的军火库，但是被康科德的民兵探知了，康科德民兵做好了迎战准备。史密斯中校率领的英国正规军有八九百人，是民兵数量的三倍，根本没有把民兵放在眼里。民兵只是临时召集起来的散兵游勇，但是他们借助对地形的熟悉，藏在大树和围墙后面，在英军行进的路上发起进攻。整整一个晚上，英军被民兵们打得节节败退，丢下自己被打死打伤的战友狼狈逃窜。最后，英军龟缩在波士顿这座孤城里据守。据统计，康科德之役，英军阵亡 73 人，受伤 174 人，失踪 26 人。北美民兵阵亡 49 人，失踪 5 人。莱克星敦事件作为北美人民打响独立的第一枪，被永远载入史册，它标志着北美殖民地从此与宗主国势不两立了。

莱克星敦的枪声很快传遍了北美。各地纷纷升起了自由的旗帜，大家抓紧招募和训练民兵，准备支援波士顿。在康涅狄格，曾参加过英法战争的伊斯雷尔·普特南听闻战争爆发后，顾不上正在耕种的田地，骑上马直奔前线而去。

此时的弗农山庄，华盛顿正在准备参加第二

届大陆会议，他高度关注波士顿的形势，在与造访弗农山庄的几位朋友的谈话中，他表示不能对英国统治者任意践踏北美殖民地人民的自由和权利视若无睹，也不能公开对波士顿人民的反抗表示支持。

5月4日，天刚刚亮，弗农山庄笼罩在波多马克河边朦胧的晨光里。像以往一样，马撒亲自把华盛顿送到大路边，他们依依惜别。马撒一直站在路边，目送着丈夫越走越远，直到消失在视野外。

华盛顿端坐在马车里，脸色沉静，眼神坚定，妻子依依不舍的神情一直萦绕在心头。他深知，此时北美各地的战火虽未熊熊燃烧，但是到处都在紧张地备战，他作为大陆会议的代表，弗吉尼亚民兵的总指挥，曾经参加过英法战争的老战士，肯定要被委以重任。但是他没有想到，那将要降临的责任居然关系到整个国家的命运，而他要为之呕心沥血，历尽千辛万苦。

1775年5月10日，第二届大陆会议如期在费城举行。会议一致同意成立"邦联"机构，允许各殖民地有权按照各自的宪法处理内部事务，将宣战、对外缔约以及管理商贸等方面的权力收归大陆会议。

与此同时，伊桑·艾伦和本尼迪克特·阿诺德带领的民兵在魁北克附近的提康德罗加堡战役中，缴获大量英军军火及炮弹。两个星期后，英国军舰刻耳柏洛斯号驶进波士顿港口，随舰前来的有威廉·豪、亨利·克林顿和伯戈因将军。全面的武装冲突几乎一触即发，殖民地方面现在迫切需要一位能够领导民兵们的总司令。

大陆会议各方代表焦急地筹划人选，大家各有自己的打算，想要把符合本地区利益的人推到总司令的位置上，所以迟迟选不出合适的人选。

这时，约翰·亚当斯站出来说话了："各位尊敬的先生们，当前形势危急，不允许我们在这一问题上久拖不决。虽然提出候选人需要进一步酝酿，但是我还是要毫不犹豫地说出来，在我的心目中，只有一位先生适合担任这个最重要的职务。"稍做停顿，他将话题转到以往的民兵工作上，"就大家所知，弗吉尼亚的民兵工作很有成绩，十三个州的联合军司令官，应该从这个州挑选出来，而且只有那个我心目中的先生，具备统领南部各州的能力。"虽然亚当斯还没有直接点出这个人是谁，但是答案再明显不过了。大家都

为独立而战 第三章

071

看着亚当斯，等着他继续说完。

亚当斯高声地说："这个人大家都熟悉，就他作为一名军官的才干和经验而论，就他拥有的独立家财、高超能力和卓越品格而论，他胜过全部邦联中的其他任何人。他就是乔治·华盛顿！"

亚当斯的话音未落，会场响起热烈的掌声，这的确是一个不容置疑的人选，大陆会议立即通过了这一提议。

6月16日，会议主席宣布了大陆会议的决议，并恳请华盛顿就任。华盛顿内心波澜起伏，他并非对之毫无预料，但是当责任和重担真的来临后，一贯重视个人荣誉和北美人民利益的他神情更加严肃、坚毅。他慢慢地从座位上站了起来，走到主席台边，向大家做了一个简短的演说。

"议长先生，虽然我能真切体会到这一任命带给我的巨大荣誉，我还是感到极大的不安，因为我意识到我的能力和军事经验都不足以担当这份艰巨而重要的嘱托。然而，既然会议已经做出决定，我将接受这个意义重大的任命，并用我所有的一切能力为大陆会议服务，支持这个光荣的事业。我请求议员们接受我最真诚的感谢，感谢你们如此明确的认可。

但是，为了防止有损我声誉的不幸事件发生，我请求在座的各位先生记住，我今天在这里以最诚恳的态度宣布，我并不认为自己能胜任我荣获的这个职位。

至于报酬，议长先生，请允许我向大陆会议保证，我不会出于金钱的考虑来接受这项艰巨的任命，因为它将牺牲我的家庭的闲适和幸福。我不希望从中谋取任何利益：我会将我的开支严格记账，我毫不怀疑议员们会报销这些开支，除此之外我不需要任何报酬。"

华盛顿的就职演讲非常简单，当我们在几百年后读到华盛顿的这篇《致大陆会议的演讲》时，仍然能够感受到他那务实的风格、谦逊的美德和高贵的品德。

同时，大陆会议还任命了 4 位少将和 8 名准将。会议宣布正式接管新英格兰军队，并确定总司令的薪饷为每月 500 元。因为包括华盛顿在内的许多代表仍然认为他们的这一切行动都只是反对英国内阁的措施，而不是反对英王的权威，也不是要把北美殖民地引向独立，因此，把新英格兰军队命名为大陆军，以区别于盖奇将军领导下的政府军。

为独立而战　第三章

亚当斯给一位友人写信说："华盛顿的行为中有某种使我深深感动的东西。他在大陆上是家产最多的人士之一，然而为了国家的事业，他却离开了养尊处优的生活，离开了家人和亲友，牺牲了自己的舒适环境，把这一切都拿来孤注一掷。他的见解是高尚的、无私的。在他接受这一重任时，他却说，他愿意把他的一切花费都准确地列入账项，而不愿接受一文薪金。"

在华盛顿的请求下，他的老朋友霍雷肖·盖茨少校被任命为准将衔副官长。接受大陆军总司令的职务是华盛顿人生的又一个重要的起点，从当年的那个土地测量员到华盛顿上校，再成长为费尔法克斯县的议员、弗吉尼亚民团总指挥官，再到现在的率领北美十三个英属殖民地人民反抗英国殖民统治的总司令，他的个人命运已经紧紧地和北美人民的命运联系在一起了。

在这样的时刻，他无法抑制地想念他的弗农山庄以及那里的一切。想到自己的离开将要带给妻子的痛苦，哪怕他正在着手的兵员的募集和筹备军饷工作，千头万绪，事务繁杂，他还是情不自禁地立即提笔，给马撒写了一封柔情万分的信。在信中，他这样写道：

我最亲爱的：

　　我现在写信告诉你一件使我忧心忡忡的事情——并且一想到它将带给你的不安我就更加忧虑——大陆会议已经决定让我来掌管为美国的革命事业而募集的所有军队，并要求我立刻前往波士顿任职。你可以相信我，保证，我并没有谋求这个任命，亲爱的马撒，我向你最严肃地保证，保证，我并没有谋求这个任命，相反地，我尽我所能逃避它，这不仅因为我不愿意与你和孩子们分开，还因为我知道这个重担超出了我的能力范围。请相信我和你待在家里一个月所感受的真正幸福要超过我在外面可能得到的总和，哪怕我在外面要待上七个七年。但是既然命运把我安放到这个职位上，我希望这个安排是为了实现某个好的目的——你可能会，而且我估计肯定会，从我的信的大意中觉察到我对不能逃避这个任命甚感忧虑，我甚至没有佯装知道确切什么时候能回去——情况确实如此——我完全没有可能既拒绝这个任命又不把我这个人暴露在责难之下，而这些责难可能损毁我的名誉并给我的朋友们带来痛苦——而这种情况，我相信，不可能也不应该让你感到愉快，并且也肯定会极大降低我对自己的看法。

华盛顿从来都是一位言出必行的人。一旦他考虑到妻子将来要自己度过很长的一段岁月，而他也有可能在战场遭遇不测，他立即起草了一份可以保证家人生活无虞的遗嘱，同时建议妻子多和朋友们相处。尽管这样，他还是不放心，于是又写信给朋友们，请他们在方便时，多去弗农山庄小住，陪伴孤独的马撒。

6月18日他又写信给弟弟约翰·奥古斯丁·华盛顿，将弗农山庄的一切事务交付给他。

1775年6月18日，华盛顿从大陆会议主席约翰·汉考克手中接受了委任状，在查尔斯·李和霍雷肖·盖茨的陪同下，从费城出发，前往波士顿前线。临出发前，华盛顿检阅了几个民兵连队。华盛顿骑在马上，威风凛凛，表情坚毅，接受群众对他的热情欢呼。华盛顿决心为国家奉献出自己的全部。

收复波士顿

打击各种形式的邪恶，让每个人，从指挥员

直到级别最低的士兵，牢记我们事业的重要性，以及他们是为什么而战的。永远要保持警惕，防止偷袭。

——华盛顿

在大陆会议讨论接管军队和委派总司令的时候，波士顿的情况越发危急：伯戈因将军带着5000名英国正规军抵达波士顿港口，与城内5000名守军会合。盖奇将军因为援军的到来而信心满满，随时准备出城好好教训教训眼前的"乡巴佬"们。而围住波士顿的民兵们大约有1.5万名，来自四个不同的州。与正规军相比，他们几乎没有什么组织可言，对军规也知之甚少，更多的人自带步枪、身着各式服装，显得参差不齐，然而维系着他们的是激荡的爱国热情。

6月18日晚间，在普利斯科特上校的指挥下，民兵们在波士顿外围、查尔斯顿的布里德山修建了一个防御工事。当盖奇将军发现眼前的工事时，盛怒之下命令英军出城荡平民兵们。结果，遭到民兵的顽强抵抗和猛烈攻击，损失巨大。此后，英军改变策略，从两翼发起进攻，民兵转而处于下风，勉力支撑，在驻守剑桥的援军尚未到达之前，普特南建议转移到邻近的班克山继续战斗，最终英军在付出巨大代价后，夺取了班克山，民兵撤出了阵地。

这是自战争爆发后，英军和民兵的第一次正式交战，英军损失惨重，死伤人数高达 1500 人，其中军官占比很大，而民兵阵亡人数为四五百人。盖奇将军在给乔治三世的报告中说："我们的损失远比所能负担的要重……我恨不得烧毁这片受诅咒的土地。"对于北美人民来说，这场战斗的失利却起到了一场胜仗的作用：使他们对自己有了信心，提高了他们在敌军眼中的身价；同时证明他们有能力同欧洲富有战斗素养的士兵进行较量，而且能够使敌人们蒙受最严重的损失。

华盛顿知悉班克山战役的消息后非常兴奋，既为波士顿人感到骄傲，又想马上加入他们的战斗。1775 年 7 月 2 日，华盛顿一行抵达马萨诸塞州的水城，在简短的仪式后，华盛顿立即赶往 3 英里外的剑桥指挥部。

7 月 3 日上午，华盛顿在李将军以及大批随从的陪同下检阅了部队，身着五花八门的衣服、手拿各式武器的民兵们早就等候在路边，准备一睹总司令的风采。华盛顿没有让他们失望，虽然一路风尘仆仆，但是他精神抖擞，气度庄严。华盛顿所到之处，都响起热烈的欢呼声。他深知，士兵们对他寄予了最大的期望。大西洋的风从海上吹过来，旗帜在空中招展，猎猎旗声回响，豪情油然而生，华盛顿更加坚定地从士兵们面前走过。

华盛顿开始在组织上和纪律上对这支杂乱不堪的军队加以整顿。他将大陆军分为若干团，抓紧培训军官，设置军衔等级，由各级军官训练士兵，改变他们自由散漫的现状；设立了严格的规章制度，肃清军营里妇女违规留宿，严禁士兵抢劫，违者要受到惩处。在整肃军营的同时，华盛顿至函大陆会议主席约翰·汉考克，说明了部队的状况，要求大陆会议迅速任命军需等各方面的供应局长，尽快提供军费。这时"大陆军"由1.5万人组成，绝大部分都是未受过训练的民兵。官兵薪水也相当的低，健康状况也越来越差。由大陆会议出面，调配各州人力、物力、财力，建设一支强大的大陆军是当务之急。

华盛顿没有坐等大陆会议的支援，而是向各州写信请求支援，各路人马从宾夕法尼亚州、马里兰州和弗吉尼亚州……携着来福枪应邀前来。与此同时，他设法筹集到更多的食物、药物、帐篷和枪支，并实施严格的军令。在治理军队的过程中，华盛顿认识到，要想维持一支强大的大陆军，官兵需得到合理的薪资。如果只靠一支短期征召起来的毫无实力的民兵，根本难以为继。

经过华盛顿的整顿，大陆军的面貌焕然一新，军营里秩序井然，有条不紊，人人各司其职，恪尽职守，大家都对即将到来的战斗充满了信心。华盛顿一边组织士兵们坚持训练，一边和其他将领研究如何加强防线。虽然大陆军对波士顿形成了半包围之势，但是一旦英军主动出击，并与有港口的炮台相配合，那么将对大陆军漫长的防线构成致命的打击。因此，大家接受了他增修防御工事的决议，调动大量人马在关键隘口修筑工事。

华盛顿全面研究了波士顿的地形和双方军力后，将部队分为左中右三路，中路军由普特南将军和希思将军指挥，驻扎在剑桥；李将军和格林将军率领左路军，驻守冬山和展望山；右路军由沃德将军率领，负责罗克斯伯里各高地。虽然华盛顿想尽快解决波士顿的战事，但大陆军的实力还达不到与波士顿城中英军一较高下的程度。英军的兵力配备和工事修筑情况都显示出正规军特有的严谨、缜密和无可挑剔，加上停泊在波士顿港口的浮动炮队的相助，于是华盛顿果断地采取了围而不打的策略。英军对于被动局面十分恼怒，却并不贸然出战，想用持久战拖垮"乌合之众"。双方开始了一场旷日持久的相持。

1776年1月，一份叫作《常识》的小册子在费城公开发表，这是北美著名演说家托马斯·潘恩的力作，表达了北美人民最激情的独立呼声。

潘恩在《常识》中粉碎了大家对英国王室的幻想，他指出，一个小岛想永久统治一片大陆是非常荒谬的想法，北美殖民地人民以前向英国国王和政府所做的请愿和陈情等，都已经成为过去了，论战已经结束，作为最后手段的武力决定着这场争执。他以满腔的革命激情和巨大的胆魄提出了"独立"的要求，"既然只有抵抗才有效力，那么为了上帝，就让我们达到最后的独立！不要让下一代人在遭受侮辱的毫无意义的父子关系的名义趋于灭亡吧！"

潘恩的《常识》对华盛顿产生了巨大的影响。华盛顿在给约翰·里德的信中表示："我要告诉他们我们已经忍无可忍，我们曾长时间地热切寻求在体面的条件下和解，但均遭拒绝，我们所有寻求和平的努力均告失败，并且还被恶意歪曲，我们已经做到了好臣民应做的一切；我要告诉他们，我们的自由精神已在沸腾，不可能再屈服做奴隶；我还要告诉他们，如果除了奴役就不能使暴君及其凶狠的大臣们满意，我们决心和这个如此不公正、不人道的国家一刀两断。我要将这些都告诉他们，不是用闪烁其词的语言，而是用正午阳光般清晰明了的语言告诉他们。"

虽然华盛顿将英军围困在波士顿城里，《常识》也掀起了北美人民更加高昂的战斗激情，但是各地的王室效忠分子的气焰也十分嚣张。弗吉尼亚总督邓莫尔宣布实行军事管制，扬言要杀尽一切爱国者。弗农山庄的门口甚至停泊了邓莫尔派去的军舰。其他地方的保皇党人纷纷应时而起，向英军提供情报和给养。1775 年 6 月在波士顿城里的豪将军下令，马萨诸塞全州戒严，波士顿人不得擅离、支持对面叛军的人，将被处死。他还向大陆军宣言，所有的叛军都将被消灭，如果有人愿意此时悔悟，放下武器，回到大英帝国的怀抱，他们将有幸再次成为英王的子民，但是约翰·汉考克和塞缪尔·亚当斯等人绝对不能饶恕，因为他们"罪大恶极，不能不给予应得的惩罚"。

华盛顿对保皇派保持高度警惕，他命令沙利文将军"逮捕那些持有英王任命状、公开坚决地与祖国为敌的分子，要把他们当人质拘留起来，以确保波士顿的安全"。在北美其他地方，大家也纷纷团结起来，防范随时可能发生的叛乱。

"总司令，波士顿港封冻了。"副官传来前方的消息。

华盛顿闻言，心念一动，港口封冻，而我方在港外驻扎重兵，移动炮台只能蜷缩在封冻的波士顿海边了，这倒是一个攻打波士顿的机会。经过漫长的消耗战，大陆军兵源不足，弹药更是匮乏，很难向武装到牙齿的英军发起一场决定性的战斗。

日子一天天过去，华盛顿和将士们焦急地等着远方的消息。2月中旬，华盛顿等候已久的好消息终于传来了。亨利·诺克斯上校不负华盛顿的信任，带着士兵们经过长途跋涉，穿越冰原，用牛拉雪橇从香普兰边境送来了50多门大炮以及其他军用物资。接着，纽约、康涅狄格等地也给大陆军送来了大批军火，另外还有10个民团赶来增援。此时，进攻波士顿已经具备了天时地利人和的条件，华盛顿立即部署进攻事宜。

3 月 4 日，波士顿又迎来了一个寒冷的夜晚。华盛顿让士兵向英军阵营开火，吸引对方的注意力，同时安排托马斯将军率领两千多名官兵和几百辆满载用具的马车开往多彻斯特高地，秘密修筑堡垒。当晚，英军在波士顿城内一如往日般饮酒作乐，但是吃苦耐劳的大陆军却在华盛顿的亲自督促下，抓紧时间修筑堡垒，一直到次日凌晨。

天亮时分，英军依依不舍地离开被窝，准备像往日一样，顺顺当当地度过这一天，等夏天到来英国派来更多的士兵后好消灭那些叛军。然而，当他们发现波士顿城的阳光不如往日那般灿烂时，才看到大陆军的成果：两座堡垒矗立在多彻斯特高地上，旁边还有一些小的堡垒俯视着波士顿。这简直不可思议！英军总指挥豪将军惊讶不已，带着哀怨的神情咒骂道："这些乡巴佬们从哪里一下子找来这么多人修建了这么一堆庞大的家伙！"

一场等候已久的战争终于打响了！豪将军命令英军出城抢占多彻斯特高地，同时命令海上的帕西勋爵率领英军从水路联合进攻。华盛顿早就有所准备，他在港口最险要处部署了士兵，使帕西的队伍无法上岸。与此同时，他一边激发将士们抵挡英军的攻势，一边命令驻扎在北部的普特南将军带领 4000 名精兵发起进攻。

这是一场至关重要的争夺战。华盛顿奔波在几个重要的高地之间，密切关注着战事的进展。3 月 5 日晚，正当英军集合了大量舰艇准备登陆参加进攻时，突然，阴云密布，暴雨如注。英军船只根本无法靠岸，豪将军的合围计划无法实施。这场天寒地冻中不期而至的风雨简直就是专门来支持华盛顿的！

第二天，风雨依旧，期间大陆军的工事已经更加稳固，稳稳占据了高地的大陆军向波士顿城内发射炮火，波士顿城被大陆军的火力密集笼罩住，英军死伤惨重，很快失去了抵抗。曾经放话要教训"乡巴佬"的豪将军宣布投降，他答应不破坏波士顿城，前提是华盛顿让英军带着装备安全登船离开。

华盛顿答应了豪将军的请求。1776 年 3 月 17 日，6000 名英军仓皇撤退，一些保皇党分子也随之灰溜溜地离开。

3 月 18 日上午 10 时左右，华盛顿率领英勇的大陆军将士雄赳赳气昂昂地进入波士顿。饱受十个月围困之苦的波士顿终于再次迎来了光明，沿途居民夹道欢迎这些勇士们，大家的脸上露出了发自内心的喜悦。华盛顿欣喜之余，给远在后方的亲友写信表达了当时的激动心情："豪将军撤退时如此仓皇，实在出乎我的意料……处处都留下了丢盔弃甲、仓皇出逃的痕迹，处处都留下了惊惶万状、狼狈不堪的痕迹。"

收复波士顿的消息传遍北美大陆，它大大地激发了北美殖民地军民的斗志，狠狠地打击了英军的士气。大陆会议通过决议表扬大陆军官兵，并授予华盛顿金质奖章。华盛顿充满激情赞扬了大陆军官兵勇敢无畏精神。

华盛顿是一个头脑冷静的人，他最关心的是，英军究竟撤往哪里？他们下一步的军事行动将是什么？华盛顿预料纽约将是英军进攻的下一个目标，大陆会议也赞同华盛顿的想法，于是，华盛顿率军南下纽约。期间，华盛顿和大陆会议商议，将殖民地分为两个防区：中部防区和南部防区，中部防区负责纽约、新泽西、宾夕法尼亚、特拉华和马里兰，由普特南将军全权负责；南部防区包括弗吉尼亚、南北卡罗来纳和佐治亚，由李将军负责，抵抗英军亨利·克林顿爵士的进攻。

1776 年 7 月，大陆会议经过激烈的讨论，一致通过决议，宣告"这些联合殖民地现在已经成为，而且名正言顺地应当成为自由独立的国家"。会议推举托马斯·杰斐逊、约翰·亚当斯、本杰明·富兰克林等组成一个五人委员会，负责起草《独立宣言》。7 月 4 日，大陆会议经过两天的秘密商讨，通过了由托马斯·杰斐逊主笔的《独立宣言》，北美各地敲响了宣告自由、独立的钟声，这是英国殖民统治终结的丧钟。在经历了一个漫长而艰苦的认识过程后，美国人民终于到了追求独立自主的阶段。

　　华盛顿获得《独立宣言》的消息后，难以抑制内心的激动，他在第一时间向纽约的大陆军宣读了《独立宣言》。宣读完毕，他向大家宣布："我希望，这一重大事件能够更加激励每一位官兵忠诚而英勇地战斗，因为你们知道，现在祖国的和平与安全已完全有赖于我们作战的胜利了，而且他们为之效劳的国家现在完全有力量论功行赏，把一个自由国家最高的荣誉授予你们了。"华盛顿的话为将士们指明了他们所参加的战争的崇高目的，使他们意识到，自己正在为"保卫自己国家的最宝贵的权利和自由"而战，从此，他们可以自豪地宣布，自己是在参加伟大的独立战争了。

保卫纽约

我们的敌人冷酷残忍，我们要么英勇抵抗要么无耻地屈服，再无第三条道路。这是我们能预见到的，因此我们决定血战到底。

——华盛顿

1776 年 4 月 13 日，华盛顿带领军队到达纽约。他来不及休息，便开始在各军事要地进行视察，并且做出部署。在长岛视察时，华盛顿发现布鲁克林的高地地势险要，俯瞰着纽约。"也许英国人要把长岛作为主要攻击战场"他暗自思忖道。于是，华盛顿立即派格林率领一支队伍驻守在长岛。格林丝毫不敢小视这个任务，马上着手赶修布鲁克林高地的防御工事，同时尽快熟悉周围的地形和防守地点。

尽管华盛顿努力安排纽约的防务，但是防守部队作战能力的不足、给养的匮乏以及纽约部分居民对独立事业的不支持，都成了困扰他的重要因素。英国方面为了对付这些帝国叛徒，花重金从国内外（主要是英国和德国）雇用了大约 2 万人的职业军人，横渡大西洋，准备从加拿大到纽约、查尔斯顿等地，全面进攻大陆军。

位于加拿大前线的斯凯勒将军向华盛顿提交了英军的最新动向，得知德国的黑森军和汉诺威军队也要开到北美大陆后，为了应对日益严重的形势，华盛顿在大陆会议上，力主成立专门处理军事问题的作战机构——军事与军械委员会，并且为大陆军争取到了一些重要利益，以巩固和增强军队的战斗力。

1776 年 6 月 28 日，军事法庭在纽约处决了华盛顿的警卫希基，他被控受纽约的英国总督特赖恩的指派，准备趁英军进攻纽约之际伙同他人发动叛乱，配合英军作战。华盛顿为之震怒，军事法庭以叛变、煽动叛乱和通敌之罪判处希基绞刑，为了杀一儆百，华盛顿在全军予以通报，警戒前线的每一位军人，不要再走希基之路。同时，为了解决一直以来困扰大陆军的兵源问题，华盛顿力促大陆会议通过决议：士兵服役期由一年延长到三年，对每一位新兵奖赏十美元，增调13800 名民兵协防纽约，授予华盛顿在紧急情况下调动各殖民地民兵的权力，大陆会议还设立了由约翰·亚当斯等 5 人组成的军事委员会，处理有关的军事事务。

这时，四艘英国军舰悄无声息地停靠在纽约纳罗斯海湾。6月29日，驻守斯塔滕岛的哨兵传来情报：又有40艘英军军舰抵达港口，其中包括1万名从波士顿撤出的英军士兵以及威廉·豪将军。华盛顿命令驻守在高地的将士们做好一切战斗的准备，一旦敌人溯河而上，就给予迎头痛击。

6月30日，前哨传来的消息更加惊人：纽约湾又来了大批英国军舰，由豪将军的兄弟理查德·豪上将率领，海湾的英舰已经增加到130多艘。

而根据情报，新近破获的阴谋组织的分支已经延伸到哈德孙河上游，一些亲英分子随时准备在英军溯河而上时给予帮助，甚至要破坏大陆方的军事设施，并且在全美发起武装叛乱。

华盛顿就在这样的内忧外困中静候一场巨大的风暴的来临。所幸的是，这时从费城传来了《独立宣言》的消息。纽约人热烈欢迎《独立宣言》的诞生，并且积极支持华盛顿的军事行动，他们推倒了矗立在广场中心的乔治三世的雕像，以便铸成子弹用于独立事业。华盛顿非常感谢《独立宣言》的到来，因为它彻底打碎了那些苟安者和亲英派的迷梦，不要再幻想和英国人和解了，必须将独立的事业坚定地进行下去。

虽然北美十三个殖民地已经于 1776 年 7 月 4 日宣布为美利坚合众国，大陆军也更名为美军，但是英国方面一直视大陆军为叛军，华盛顿等人则是叛军首领。英军指挥官豪上将派海军上尉布朗向华盛顿呈送书信时，信封上写着"乔治·华盛顿先生"，遭到了华盛顿的严词拒绝。华盛顿告诉信使：作为一名普通的弗吉尼亚种植园主和美国公民，自己无权接见英国王室的使者，故而此信绝不能收。豪上将不得不改变对华盛顿的称呼。华盛顿的态度博得了美军和全体大陆会议代表们的一致赞扬，他们是发自内心地要维护国家的荣誉。

豪上将继续聚集军队，调剂军需，准备以强大的火力将华盛顿和他的大陆军彻底消灭。双方不停地调集军队，到 8 月上旬，集结在纽约附近的英军兵力约为 3 万人；而美军的兵力不过 1.7 万多人，虽然随后增加到 2 万人，但是大多是没有受过训练、纪律散漫的新征民兵，他们散布在各个前哨阵地和驻地，其间相隔 15 英里左右，显得有些力不从心。

华盛顿以最审慎的态度、最强大的耐心和最勇敢的精神为指导，对各路军队的防务工作做了周密的部署，鼓励大家为新成立的美国而战。与此同时，他还要求纽约议会立即成立一个善后委员会，采取措施，疏散居民，以免伤及无辜。他已经意识到，纽约这座城市将要经受巨大的考验。

　　1776 年 8 月中旬，威廉·豪率领大军登陆长岛，英军迅速从曼哈顿岛越过东河移驻布鲁克林高地。华盛顿虽然在布鲁克林高地建造了护防设施，但由于担心曼哈顿无人防守，便将军队一分为二：一半驻守曼哈顿，一半驻防长岛。

　　虽然格林率领的部队一直驻扎在布鲁克林，他进行了周密而艰苦的准备，但是在亲英分子的引导下，英军悄悄地从布鲁克林高地的左侧运动，而另一支则从右翼悄悄逼近美军，中路由黑森雇佣军推进。8 月 27 日清晨，英军从三路突然对美军发起进攻。在这次战斗中，虽然美军誓死保卫阵地，但是因为多面受敌，加上人数、装备以及训练均弱于对手，所以死伤惨重，英军中路的黑森军凶猛冲杀，对美军造成了巨大的打击。英军推进速度很快，长岛上到处传来大炮和滑膛枪的轰鸣声，四处黑烟滚滚，有些美军不得不退到防线上，并放火焚烧了部分给养物资，以免落入敌人之手。

当天，华盛顿乘小船从曼哈顿的司令部赶到长岛前线，亲眼看见了这场大搏斗、大灾难。所有的精锐部队皆已投入战斗，他手中已无可调之兵，只能眼睁睁地看着美军将士遭受敌人的杀戮。所幸的是，豪将军对班克山之役记忆犹新，担心英军因胜利来得太容易而激动，以致重蹈覆辙，他在英军急速推进至离美军非常近时，急令士兵停止前进，退到美军滑膛枪射程之外，然后扎营过夜。

抓住难得的喘息之机，华盛顿顾不上为死去的将士们悲痛，他在思考为什么战况为如此惨烈。大家向他报告了剩余阵地和兵力的情况，因为兵力不够，加上摸不准英军是从纽约港口进攻还是从长岛进攻，所以华盛顿始终没有办法将最优势的兵力布防在某一个最关键的高地，这也是导致他仅仅能够调派 5000 名士兵迎战强大的敌人。华盛顿陷入沉重的思考中。

凌晨 4 点，辗转反侧的华盛顿步出军营，只见美军牺牲将士遗体遍地，伤员们在默默地忍受痛苦煎熬，疲惫不堪的士兵们枕着枪支露宿在旷野。再眺望一英里外的英军营地，营帐鳞次栉比，黑压压一大片。

28日，浓雾弥漫，为了等候海军舰队以便协同作战，英军没有发起进攻。视察战场归来的米夫林将军、里德上校和格雷森上校向华盛顿建议撤出长岛，否则英军在涨潮时分开进纽约海湾，切断长岛和纽约的联系，驻守长岛的美军就会陷入英军的包围而撤退无门了。华盛顿也意识到了这个严重的问题，27日一仗使美军元气大伤，实力损失近半。反观英军士气正旺，如果乘胜穷追猛打，美军很难招架。敌人海上的舰队若开进海湾，切断长岛与纽约间的联系，更会致全军覆没。权宜之计只有带领部队迅速从海路突围撤出长岛。

但是这个撤退又谈何容易！如今美军被困在各自的堡垒之中，一边是威廉·豪陆军的包围，另一边东河之上则布满了理查德·豪的军舰。对英国来说，华盛顿和他的"庄稼汉们"如瓮中之鳖，胜利之期不远矣！英国军队洋洋自得地在军营里构想着唾手可得的胜利。

然而，让英国人惊讶的是，8月30日早晨，当他们准备拾取胜利果实时，一直被困在眼前的华盛顿军队却不翼而飞了。

原来，为了迷惑敌人，保证胜利撤退，华盛顿在对将士绝对保密的情况下，下达了相反的命令：全体将士做好今夜进攻的准备。然后，派遣勇敢善战的米夫林将军，带领3个团的残部开进前沿阵地与敌人正面对峙：照常设岗执勤，撤退时负责掩护大部队突围。

晚上10点，美军以团为单位登上一艘艘小船，横渡海峡。那天，布鲁克林浓雾弥漫，而纽约则月白风清。等部队带着他们宝贵的武器、全部弹药以及粮草、牛羊、马匹、马车等必需品撤退完毕后，风浪才逐渐平息。而长岛一边的海峡上空始终浓雾弥漫，英军对发生在自己眼皮底下的大撤退浑然不觉。

这次非凡的撤退，是在英军眼皮子底下进行的，堪与班克山工事的奇迹相媲美，但是凶险程度则无可比拟。据当时人们的回忆，华盛顿一直警惕地站在岸边，监督着大家完成撤退。虽然有人一再请求华盛顿先登船渡河而去，但是他坚决不肯，直到所有的军队都成功撤退后，他才乘坐最后一艘船离开。后人评价这次撤退对华盛顿具有非凡的意义，自此以后，他名声更盛，人们对华盛顿寄以更大的信任。更重要的是，这次撤退也是独立战争中意义最重大的成就之一。

从长岛撤退至纽约后，华盛顿每天都在关注英军的动向，他发现英军在他们的背后占领阵地，由军舰控制正面，打算把他们封锁在纽约，切断同大陆的联系，迫使华盛顿的军队按照英军设想承受正面打击，或者无条件投降。以华盛顿部队的实力，显然无法承受英军的任何一次大规模的打击，既然纽约属于亲英派，那么他们有什么理由为保护纽约而做出巨大的牺牲呢？对他们来说，保存宝贵的有生力量是最重要的事情，于是，华盛顿大胆地建议弃守纽约。虽然有好几位将军不同意，但是普特南将军、格林将军都表示支持。于是，在英军没有对美军发起大规模进攻的宝贵的几天里，华盛顿在写给大陆会议的信中，提出弃守纽约，同时他还以此次长岛大败的惨痛教训为例，慷慨陈词，请求大陆会议协助他改组大陆军，将其建设成为一支常备军。他的提议获得了通过。

1776 年 9 月 10 日，大陆会议终于同意将大陆军改组为常备军，各州根据自己的能力提供总数为 88 个营的兵力；提高军人的待遇，承诺军人每年除了获得一套制服外，还可以得到 20 美元和退役后 100 英亩土地的奖励。同时，大陆会议还同意放弃纽约，授予华盛顿放弃或保卫纽约的最高决策权。之后，华盛顿立即召开军事会议，安排军队撤退。

9 月 13 日晚，华盛顿说服几位执意坚守的将军未果，便例行视察驻防阵地。英军三艘快速护卫舰和一艘拥有 40 门炮的军舰顺流而上，企图进入纽约腹地，战舰边行驶边向岸边开火。有一发炮弹打在离华盛顿不到两米的地方，万幸的是他紧急催马赶回堡垒了。

华盛顿的随从里德在给弗吉尼亚的亲友写信时说，我只能告诉你们，状况糟糕极了，上帝保佑，我们现在还活着。

9 月 14 日、15 日，英军快速穿越哈德孙湾，进入哈德孙河，向纽约发起进攻。负责防务的美军士兵们根本无心抗敌，他们不顾军官的命令和劝阻，纷纷逃跑。在现场指挥的华盛顿穿行于士兵之间，努力设法将他们集合起来，继续战斗，可是毫无效果。几十名英军士兵冲过来了，美军士兵吓得四散而逃，华盛顿气得连帽子都扔到了

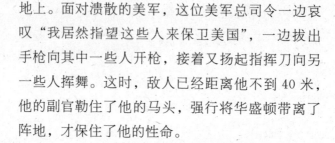

地上。面对溃散的美军，这位美军总司令一边哀叹"我居然指望这些人来保卫美国"，一边拔出手枪向其中一些人开枪，接着又扬起指挥刀向另一些人挥舞。这时，敌人已经距离他不到40米，他的副官勒住了他的马头，强行将华盛顿带离了阵地，才保住了他的性命。

新泽西拉锯战

交出指挥权，别人又会说我动摇军心，使部队土崩瓦解。说心里话，我有生以来从未像现在这么郁郁寡欢，犹豫彷徨过。

——华盛顿

纽约一役，对华盛顿和大陆军以及民兵将士都造成了极大的打击，但是华盛顿不能就此消沉下去。为了保存革命的力量，他竭尽全力部署撤退计划，同时还要说服不愿离开的希思将军、克林顿将军等配合撤退行动。

此后的几个月，双方处于这样的状态，英方派出大批兵力到处搜寻华盛顿的下落，打击见到的美军，华盛顿则为了保存有生力量，尽力避开英军的锋芒——双方在纽约外围以及新泽西一带展开了长时间的周旋。也正因为华盛顿牵扯住了大部分英军，北方的阿诺德将军和南方的李将军均取得了不少胜利。

1776 年 11 月，经过一番拉锯战，华盛顿率领不到 2000 名兵士躲过英军的追击，越过哈德孙河，进入新泽西。

1776 年的冬天分外漫长而寒冷。败退至新泽西的华盛顿队伍憔悴、疲惫、无精打采，他们没有营帐、毛毯，身上没有寒衣和鞋袜；不少士兵还穿着夏季发的单衣，打着赤脚。军营里又流行起伤寒病和肺炎，营养不良加上缺医少药，伤病员苦苦挣扎在死亡线上。这样一支队伍如何能够抵抗一支给养充足、装备精良的队伍呢？军中开小差的越来越多，连军官也开始说三道四，离心离德，和华盛顿唱反调。在南方的李将军甚至拒绝接受华盛顿的调遣，刚愎自用，导致兵败被俘。部队大量减员，只剩下不到 5000 人。

大陆军在各地的募兵活动遭到冷遇，部分支持革命的家族开始转趋观望，恐慌情绪向各州蔓延，华盛顿的领导才能受到质疑，大陆会议于 12 月 12 日决议迁至费城西南的巴尔的摩。

华盛顿对眼前的一切无能为力，他焦急万分，甚至忍不住灰心失望。用他自己的话来说，简直厌倦得要死，他向约翰·汉考克感叹，即使是一年 2 万英镑的酬劳也没法引诱他来经历目前的一切。英国报纸甚至预言，华盛顿及其军队即将"土崩瓦解"。

华盛顿是有些消沉，但是当第二天的太阳照常升起，士兵们从简陋的兵营里走出来等候总司令的指示后，他为自己过去几天的绝望和沮丧而内疚，不管革命多么艰苦，也不管情况多么令人恐惧，还有这样一些热爱国家热爱自由富有勇气的人们在追随着自己，我有什么理由放弃呢？华盛顿下定决心，以他坚忍不拔的毅力继续投入战斗。他带领为数不多的军队突破了英军一次又一次的封锁，不让一个人掉队和伤亡，全部撤走了他们的弹药、野战炮以及其他绝大部分储备物资。华盛顿在东、新泽西州的军事活动展现了他作为一个军事首领的伟大品德，但是人们从他身上不只看到了军事指挥才能，还有那值得人们信任的智慧、正直和爱国心。

伏尔泰曾经这样评价他："威廉国王只有在困难时刻和作战中才充分显示出他的英雄本色，对华盛顿将军也可以做同样的评语。有些人具有一种天生的坚定性，在琐屑小事上表现不出来，但是一旦表现出来，就显示出极大的不屈不挠精神；上帝赐给了他常年不病的健康体格；赐给了他一副就是忧患之中也能殚精竭虑思考问题的头脑。我认为这是老百姓的福气，虽然我们往往不是一眼就看得出来。"

英军的威廉·豪将军打算在冬季时把大部分的军力集中到纽约，舒舒服服地度过这个寒冷的季节。但他在新泽西、马里兰等地还保留了一些部队，其中一支就是由几千名德国雇佣兵组成的部队。华盛顿就潜伏在这一带，豪将军不想给华盛顿以喘息之机，如果能够尽早抓到这个叛军头子，那是再好不过的事情了，所以他特意保留了一部分军队在此地。恰恰是豪将军的这种想法给了华盛顿在新泽西打击英军的机会。这段时间，华盛顿率军驻扎在特伦顿城中。他知道英军认为他的部队太弱，不足以构成威胁，且英方绝对料不到美军会在深冬之际采取攻击。华盛顿决定给英军来个出其不意，对英军发动一次奇袭。

在这关键时刻，大陆会议通过决议，授予华盛顿指挥战争的全权，使他在非常时期能摆脱某些掣肘指挥打仗。关于这件事，他特意向大陆会议表态："也许有人会说，这种权力委托给别人

第三章
为独立而战

101

使用过于危险。我只能这样回答，急症用猛药。我愿意真诚地宣布，我毫无追逐权力的欲念。"

华盛顿的奇袭计划终于获得了实施机会。一切情况都表明，豪将军十分自负，疏于防守。他的军队分散在东西泽西从特拉华河到布伦瑞克的各个地方，雇佣军黑森部队驻扎在特拉华河沿岸，与美军隔岸相对，一旦情况告急，英军很难一致行动。华盛顿的部队经过休整，士气复振，加上另有几支队伍加入，有五六千人可以参加战斗。将士们一致要求上阵杀敌，为牺牲的战友报仇。12月卜旬，如果寒潮一到，河水就会冰冻，那时敌人会从冰上发起进攻。为了抢占先机，大陆军决定立即发起进攻。

大陆军决议兵分三路渡河。1776年12月25日上午，大陆军开始煮制食物，并向所有士兵派发新的燧石、额外弹药以及少量毛毯，预备晚间行军。那天，新泽西州的天气在入夜后急剧变化，刮起了猛烈的东北风，然后暴雨、冰雹以及暴风雪接踵而来，令士兵难以渡河。只有华盛顿亲自率领的那支部队成功渡河。华盛顿率领士兵在天黑后行军北上，于午夜前抵达渡口，获得了亨特敦县民兵的帮助。这些船夫克服了水流湍急、河道结冰、能见度极低且逆风等障碍，将所有大陆军士兵、火炮及物资安全运往对岸，做好作战准备；另一路则由沙利文将军指挥，准备从特伦顿西面发起进攻。

这个风雪交加的夜晚，天气异常寒冷。在华盛顿的军事生涯里，已经不记得这是第几个寒夜里的行军了。士兵们衣着单薄，有些人因为缺鞋少袜，冻得脚底开裂，雪地上留下了大陆军士兵们的斑斑血迹。据回忆，当晚有两名士兵被活活冻死。前行时，士兵们用"继续前进，拼刺刀"来激励自己。

26日上午，天色却因持续的风暴而漆黑一片，能见度非常低。经过辛苦的跋涉，美军主力抵达特伦顿英军营地附近，英军士兵还在温暖的营房中熟睡。华盛顿迅即命令向敌军发起进攻。黑森雇佣兵猝不及防，稍作抵抗后便向市中心撤退。华盛顿旋即下令部队向南推进，指示马里兰民兵及宾夕法尼亚步兵，攻占东面的普林斯顿，抢占东面高地。在特伦顿西面，黑森士兵被杀了个措手不及，只好向后撤退。

当黑森军撤退时，大陆军发动第二波攻势。格林、沙利文及前进到特拉华河对岸的大陆军，同时以野战炮轰击特伦顿市。华盛顿身先士卒，统率士兵一鼓作气发起进攻。皇后街的北街口——特伦顿市内的最高点，是市镇的关键要地。华盛顿的部队遭到敌方开火还击，不过短暂交火即撤离。马里兰的豪赛格和宾夕法尼亚的汉德的军队占领东北面的山地，形成包围夹攻之势，迫使黑森士兵向阿孙平克溪的桥梁撤退。黑森军指挥拉尔上校慌乱中被击落马下。黑森军立即像无头苍蝇一般四散，拼命往普林斯顿方向逃窜。

华盛顿欣喜万分，兴奋地喊道："今天是我们国家的一个光荣的日子!"战后，华盛顿想让士兵们就地休息休息，然而一想到英军受到重创，会很快集结兵力反扑过来，马上强令战士们打起精神，带着战利品、押着战俘离开特伦顿，再次渡过特拉华河，向宾夕法尼亚转移。27日，大陆军胜利返抵宾夕法尼亚州。

特伦顿战役，成为美国独立战争转折点。美国人突然激发起来的斗志让英国人摸不着头脑，不过也证明，英国镇压北美"叛乱"的大好机会已经错失，英国人占据绝对优势的时机不再。两年后，议员热尔曼在下议院辩论时认为，"我们所有的希望，都在特伦顿的不幸事件后破灭。"

与英方形成鲜明对比的是，特伦顿一战打破英军不可战胜的神话，美国人民重燃信心，重拾对革命的热情，积极报名参军。华盛顿获得了从大陆会议到美国人民的一致信任。

12月28日大陆军军官会议决议，趁英军惊魂未定，再次向特伦顿发动进攻，收复新泽西。12月29日，大陆军再次横渡特拉华河。大陆军先头部队由里德上校指挥，英军惊魂未定，立即向普林斯顿和纽布伦瑞克退却。

1777年1月1日，中断休假的康沃利斯将军赶赴普林斯顿英军指挥部，重新指挥作战。康沃利斯曾自信满满地表示："我们已经把那只老狐狸（华盛顿）牢牢地包围了。我们明天一早就过去把他捉住。"

大陆军方面认为可以突袭普林斯顿，进而向不伦瑞克市的英军大本营推进。华盛顿采纳了突袭普林斯顿的方案。

1777年1月3日，康沃利斯发现阿孙平克溪对面没有敌军，但后方却传来隆隆炮声。原来，华盛顿率军从后侧抵达普林斯顿，向英军守军发起猛烈的进攻，英军溃不成军，纷纷向布伦斯维克逃亡。

在战斗中，华盛顿不顾危险，一马当先地冲在队伍的最前边。他像一面永不倒下的旗帜，鼓舞着士兵们奋勇杀敌，为独立事业做出贡献。

特伦顿和普林斯顿两次战役的胜利，结束了美军自长岛战役以来被动挨打的局面，扭转了战争形势。华盛顿在美国政治、军事生活中确立起牢固的领导地位。从此，华盛顿开始主动进攻犹如惊弓之鸟的英军，他在命令中写道："决不准许有任何敌军到他们的防线外活动，决不允许他们同农村地区有丝毫联系。"英国人无可奈何地认识到，"一支强大的军队被一支似乎不堪一击的军事力量困在狭小的范围内，不能越雷池一步。"

华盛顿利用在莫里斯冬季营地休整的时机，加强了对大陆军的正规化建设。继续严明大陆军的纪律，不允许军人滋生任何恶习，禁止赌博；他提拔一批富有才干的年轻军官，让他们成为自己的幕僚团队，担任重要的职务。华盛顿成功地网罗了一批新大陆的青年才俊，年仅20岁的亚历山大·汉密尔顿就是其中之一。

突破英军合围困局

一切动机都在令人无法抵挡地督促我们，不，要求我们，去坚决果断地继续对抗我们残忍的压迫者，去藐视困难，去忍受艰辛并蔑视一切危险。

——华盛顿

1777年1月至3月，经过特伦顿和普林斯顿战役的胜利，华盛顿率军至莫里斯镇休整。他指示部队和新泽西州的民兵联合行动，不断袭扰英军的行动。这一战略被美国历史学家称为"粮草战争"。

1777年，随着天气越来越好，英美双方之间更大的战斗一触即发。英军统帅豪将军带领8000大军渡过哈德孙河，进驻纽布伦瑞克，伺机与华盛顿的大陆军在平原地区决战。

然而，华盛顿却按兵不动。豪将军连续进行试探，华盛顿始终不为所动。几番折腾下来，豪将军只得灰溜溜地将司令部撤回到斯塔滕岛，自己自水路回纽约去了。

华盛顿料想英军不会就此善罢甘休，从全国的情况来看，南方战区比较稳固，重点是中部和北方，那么接下来英军到底是准备攻打费城还是阿尔巴尼呢？就在华盛顿揣摩英军的意图时，有两份情报摆在了他的面前：一份情报说，受英王乔治三世的派遣，伯戈因将军率领一支强大的部队从加拿大乘船到香普兰湖，占据了北方重镇提康德罗加，并准备向阿尔巴尼突进；另一份情报说，停在纽约海湾的英军在往军舰上添加淡水和给养，料想要有重大军事行动。

华盛顿忧心忡忡，久久地伫立着。

其实华盛顿的担心是有道理的，因为乔治三世和伯戈因将军的确已经制定了北方英军和纽约英军在阿尔巴尼会师，以切断美国北部和中部联系的计划。但是，因为通讯不便，豪将军没有收到来自伦敦的指令，做出了自行南下进攻费城的决定。

与此同时，驻扎在加拿大的英军之所以迟迟无法南下，是因为大陆军撤回香普兰湖时，阿诺德将军下令摧毁所有可用的运输舰艇，并且焚毁了附近的锯木厂，导致英军舰艇进入美国境内。

1776 年北方的冬天来得特别早，10 月 20 日第一场雪便降落了，一时间大雪纷飞，整个提康德罗加笼罩在茫茫的雪野里，指挥作战的英军将领只得率军返回魁北克省。导致英军错过打击大陆军的最佳时期，对北美战场情况了若指掌的黑森雇佣兵将领腓特烈·李德塞感叹，如果北方的英军能够提早一个月出征，那么这场战争可能在1776年年底已经完结。但是，历史不是讲故事，殖民地人民幸运地获得了喘息的机会，独立事业也得以继续进行下去。

1777年3月，伯戈因率部队经过长途奔袭，从加拿大再次进入提康德罗加南下，准备攻打纽约州和马萨诸塞州。但是漫长的战线严重地影响了适应阵地战的英军，沿途大陆军和民兵不断地袭扰他们。伯戈因南下之路举步维艰，进度极为缓慢。而他万万没有想到的是，计划中要北上与他合围阿尔巴尼的威廉·豪已经南下去攻打费城，英军在北美的两大主力走上了南辕北辙的路。

华盛顿看到豪将军的调兵遣将后，长长地舒了一口气，毫不犹豫地向将士们下令：开往日耳曼，靠近费城！之后，带着几位副官直接前往费城。

1777年8月，华盛顿抵达费城，这是他担任大陆军总司令后第一次回到费城，受到了英雄般的礼遇。华盛顿向欢迎的人群招手致意，浑身散发着军人的威严气质，让人产生信赖之感。

然而，华盛顿向大陆会议表达了自己的费城防务计划，那就是撤走大陆会议，让英军来"把守"这座城市，而大陆军则在费城外扎营，不允许任何补给进入费城，以此消耗英军，再伺机打败他们。

大陆会议闻此提议，觉得不可思议。但是当他们了解到实际情况后，同意了华盛顿的意见，只留一座空城给英军。

华盛顿此次在费城期间，遇到了将来对美国独立战争起到重要作用的法国人——德·拉法耶特。拉法耶特出身法国贵族家庭，他同情并支持美国人抵抗英国殖民统治的革命事业，向大陆会议提出志愿参加大陆军的申请。正在渴望与法国建立正常外交关系、期待得到法国政府支持的大陆会议立即授予他美国陆军少将军衔。当时，富兰克林正在法国巴黎为寻求援助进行紧张的斡旋工作。

华盛顿很欣赏拉法耶特的热情和无私，他们一起来到费城附近的大陆军营地。拉法耶特被眼前的情景惊呆了：

"他们有 11000 人，武器装备很差，衣着更差，给人一种光怪陆离的印象。他们穿着颜色斑驳的服装，还有的赤身露体，棕色亚麻布做的猎人衫要算是最好的衣服了。他们的战术同样不正规。除了最矮的人站在前列以外，其他人都不分个子高矮，混合编队。尽管这样，他们仍然是一批有热情的军官指挥的英俊的士兵。"

1777 年 8 月中旬，豪将军率军抵达切萨皮克湾。此时"大陆会议"为了"保卫"这座有名无实的"临时首都"，调集了各路大陆军人马，一时间费城周边大军云集、严阵以待。豪将军盼望已久的与华盛顿决战的时刻似乎就在眼前了。

8 月 26 日，华盛顿率格林将军和拉法耶特等人冒险前往距英军驻地不到 2 英里的地方查看敌情。

考虑到英军多次从新泽西方面图谋费城均没有成功，此次他们肯定志在必得，华盛顿向美军发出总动员令，号召大家英勇作战，保卫国家。这时，美军总兵力为 15000 人，英军兵力为 18000 人。一场大战就此拉开。此时，伯戈因将军所率领的北路军还在遥远的北方苦苦挣扎。

9 月 11 日，华盛顿与威廉·豪于布兰迪温河的布兰迪湾再度交手，豪将军再施长岛的布鲁克林高地的伎俩，一面派出华盛顿的老对手克尼普豪森率领一部英军从美军阵地正面发起佯攻，一面派大陆军的"老朋友"康华利勋爵率领英军主力从西北方向迂回十多英里，渡过布兰迪温河，准备从背后偷袭美军。

英军的攻击很奏效，华盛顿的部队节节败退，大陆军的防线全面崩溃。面对强敌，华盛顿决定保存主力，果断下令两翼部队向中路收缩靠拢，抵挡住了英军势如破竹般的进攻，且战且退中收拢部队往费城方向退却。此次战役英军伤亡600余名，美军伤亡1100多人。但是，经过一年战争考验的美军日趋成熟，战斗力更强了。

费城保卫战失利，城内居民人心惶惶，许多人举家出走，去山中躲避。大陆会议情急之下命令华盛顿尽快增兵，修建工事确保临时首都的安全。

9月13日，华盛顿在给大陆会议的信中说，如果他能在战场上击败豪将军，则费城无须防卫；如果美军无法战胜英军，则费城将难以守住，修筑工事是白费力气，而且一旦这些工事落到敌人手中，将被利用来对付美国人。为了美国的长远利益，他明确地提出："必须撤退，费城不可死守！"

他的建议唤醒了焦虑状态中的大陆会议成员们。大家一致决议，立刻迁至约克镇，并且采取非常措施，临时赋予华盛顿对行为不端的军官予以革职、任命准将以下军官以及征用军用必需品的权力。

就在美国方面同心协力御敌的时候，华盛顿的老对手豪将军再次出现错误。美军仓皇退却之后，豪将军没有命令英军乘胜追击，而是采取英国式的稳打稳扎策略，就地安营扎寨。

大陆会议机构转移至约克镇后，华盛顿率部队有序地撤离费城。他命令部队将通往费城的所有桥梁设施破坏殆尽，然后发挥美军灵活机动的特点，埋伏在英军必经之途，瞅准机会便对之实施打击。豪将军被美军的战术弄得烦扰不堪，放弃了消灭华盛顿的念头，率军长驱直入费城，"占领"了这个"反叛"的中心。

1777 年 9 月 26 日，华盛顿带着将士骑着马站在离费城几十英里的地方，远远看着豪将军耀武扬威般地进入费城，他神情严肃、坚定，内心非常镇定。此次费城失陷，他不像一年前离开纽约时那般失落，经过战争洗礼的他已经认识到，只要他领导的军队还在，就还有机会，战争的胜负并不取决于一城一地的得失。

9月30日，华盛顿率主力部队进驻距英军前哨日耳曼镇14英里的斯基帕克溪，此时康华利勋爵带领3000人守卫费城，英军主力则在豪将军的带领下驻扎于日耳曼镇的南部。日耳曼镇的房子大多用石头砌成，低矮坚固，其中有一座原为宾夕法尼亚首席法官本杰明·丘的别墅，特别坚固，这些都被英军作为工事使用。为了显示对叛乱者的蔑视，豪将军没有修筑任何防御工事。华盛顿和英军主力形成对峙。

华盛顿派遣各路部队和当地的民兵，从多个方向封锁英军的道路，不让任何补给输送给英军。豪将军只得派出部队到附近的村庄和堡垒扫荡。寻找歼敌良机的华盛顿喜出望外，果断决定，乘敌人力量薄弱之机，对日耳曼镇再来一次"特伦顿式"的突然袭击，狠狠教训英国人。

这次突袭很顺利，毫无防备的英军被打得慌不择路，四散逃逸。但本杰明别墅方向密集的火力打断了美军的进攻节奏，他们只得留下部分军队，绕道前行。因为大雾弥漫，沙利文将军领导的部队遇上了赶来增援的格林将军，双方都以为遇到英军偷袭，互相对射起来，使部队以为陷入英军的包围圈，于是拼命逃跑，连华盛顿都阻止不了。大陆军一逃，豪将军立即组织部队发起猛攻，康华利勋爵也从费城赶过来追击大陆军。

最终，大陆军在这次战役中损失600多士兵，一场本来可以获得的胜利因为己方的误会而付之东流，华盛顿觉得不胜遗憾。在给兄弟的信中，他再次表达了对失去这场决定性的辉煌胜利的遗憾。华盛顿没有料到的是，大陆军很快就取得了一场具有决定意义的胜利——萨拉托加大捷。

就在华盛顿和威廉·豪在新泽西和宾夕法尼亚的辽阔战场上无休止地展开拉锯战时，伯戈因率领的北方军队却在寒冷的萨拉托加一带苦苦挣扎，最终在本尼迪克特·阿诺德将军、本杰明·林肯将军等打击下走向彻底失败，后世习惯以"萨拉托加战役"来统称美军与魁北克英军在当地的一系列战斗，其中起关键作用的是萨拉托加大捷。

1777年6月，伯戈因从加拿大出发，再次南下，目标直指阿尔巴尼。华盛顿对伯戈因的此次军事行动非常不看好，他已经拖住了中部英军，北路英军单兵作战，很难获胜。在北部战区，华盛顿已经做了充分的部署，斯凯勒将军、阿诺德将军以及精通工程的波兰人科士丘什科担任总指挥，跟随他们作战的是英勇善战的马萨诸塞州大陆军和民兵。

伯戈因率领部队在穿越荒凉的阿尔巴尼航道时，又饥又渴，还不时遭到丛林里的民兵的攻击，不得已派出皮姆上校指挥军队上岸抢夺美军给养时，又被打了个措手不及，部队损失过半，连指挥官也当场毙命。

9月19日，举步维艰的伯戈因将军怨念无比地盯着流淌的哈德孙河，他有理由责怪下游正得意扬扬、舒适无比的豪将军，如果他按照乔治三世的指令，溯流而上，那么现在他就不会在这个鬼地方耗着了。往北看，密密匝匝的全是原始森林，不见天日；往南看，阿尔巴尼虽然近在眼前，但是又遥不可及。万般无奈之下，伯戈因只得强打精神继续往前。

但是，一个叫作弗里曼的农庄和贝米斯高地注定要因为即将到来的战争而名扬美国。这一天，本尼迪克特·阿诺德将军指挥美军和当地的民兵重创伯戈因的部队，使其陷入困境。逼迫伯戈因亲率部队向贝米斯高地的美军发起进攻，以图突除围困。10月9日，兵败的伯戈因率领残部退往哈德孙河东岸的萨拉托加，一路上风雨交加，饥肠辘辘，好不容易赶到萨拉托加时，美军已经抢先一步建好了工事。看着美军坚固的堡垒，风雨飘摇中的英军如果想要回撤到加拿大，已经不可能了……

绝望之际，伯戈因召集了一次上尉军阶以上级别的军官参加的军事会议。大家一致决议向盖茨将军投降。

10月14日，双方就投降事宜达成协议：以不再在美国境内服役为前提，投降英军可以自由返回欧洲。10月17日，伯戈因将军在投降书上签字，5700名英军正式向美军投降。大陆军获得了一大批急需的大炮、7000件轻武器和大量服装、帐篷和各种军用物品。这使美军的装备状况获得很大改善。

萨拉托加大捷是美国人民英勇顽强、坚持不懈作战赢得的成果，这场胜利对美国独立战争的进程产生了巨大的影响，美军的实力和信心大大得到提升，而英军由于这次战役被大大削弱了。伯戈因投降的消息传到魁北克，本就不主张贸然南下的卡尔顿将军随即要求前线英军撤出提康德罗加要塞，英美北方战线又回到了交战之初的状态。留守哈德孙河准备前往阿尔巴尼会师的亨利·克林顿闻讯后，如遭晴天霹雳，立即带领军队顺流而下，撤回纽约去了。英军合围美军的计划彻底失败。从此，美军从战略防御转入战略进攻。

对美国来说，还有一个更好的消息在等候他们：一直派人观察英美战争局势、举棋不定的法国，在这次战役中看到了美国获胜的希望，加上富兰克林在法国的长期活动，决定与美国缔结同盟条约，加入反英战争。在法国的影响下，西班牙也加入进来，丹麦、瑞典、俄国等国则成立了有利于美国的"武装中立"同盟。用英国历史学家的话来说，"美国人的胜利给反叛注入了新的活力"，美国独立战争获得了最大限度的国际支持，独立战争转化为一场国际战争。

美法结盟

对英国的仇恨可能使我们过度地信任法国，尤其是在感恩的动机被加在天平上的时候。有这样想法的人可能不愿意假设法国会做出这个不够气量的行为。我也全身心地希望对我们的新盟友

118

抱有最有利的想法，但是有一个建立在人类的普遍经验上的法则：永远不要在超过利益的联系之外过多地相信任何国家。

——华盛顿

独立战争爆发后，作为英国宿敌的法国一直心情复杂地冷眼旁观这一切，他们虽然对殖民地的力量不抱希望，也不在意美国人的诉求，但是暗地里却希望这次战争能给英国以打击，这样法国就可以乘机恢复失去的殖民地和海上贸易地位。

1777 年 10 月，萨拉托加大捷的消息传到巴黎，一直在法国活动的富兰克林马上把消息通知法国政府，并运用灵活的外交手段，给法国施加一些压力：如果法国不同美国结盟，美国将掉过头来同英国议和。关于与英国议和的消息，的确不是空穴来风。伯戈因的投降使英国朝野震动，英国政府被迫改变政策，向美国伸出了橄榄枝，做出和平的试探。他们派出一个和谈委员会去美国，又派出密使去巴黎与富兰克林接触。英国提出的和平条件是，允诺给予不完全的独立，主要内容包括：英国议会放弃向殖民地征税，不向殖民地派军队，撤销美国所反对的英国议会法令；

只要北美承认英国的宗主权。英国的议和条件吸引了效忠派，但是以华盛顿为代表的坚定派要的是完全独立，对这种条件自然不会接受。虽然英国人提出的议和不被美国人接受，但是英国人的和谈姿态，却成了美国对法国外交谈判的筹码。

1777 年 12 月初，以富兰克林为代表的美国特使团再次向法国提出缔结通商条约的问题。在富兰克林的努力下，法国人终于同意缔结盟约。对法国而言，"没有比在天平上从英国一边取下像美洲那样重的砝码，放在自己一边更为有利了"。

1778 年 2 月 6 日，经路易十六批准，《美法通商条约》和《美法同盟条约》正式签订。代表法国签字的是韦尔热纳外交大臣，代表美国签字的是本杰明·富兰克林、西拉斯·狄安和阿瑟·李。法国成了世界上第一个承认美国的国家。条约规定："在宣布结束战争的条约或一些条约正式地或法定地保证美国独立以前，双方互相担保不放下武器。"

1778 年 5 月 4 日，大陆会议正式批准美法同盟条约。两国宣布建立军事防御同盟，法国将直接出兵援助美国独立战争。

消息传到华盛顿的军营，大家为此举行了热

烈的庆祝活动。一位目击者说："我从未见过这样的场面：每个人脸上都洋溢着真挚、由衷的喜悦。"华盛顿走到庆祝队伍之中，士兵们将帽子高高地抛向空中，大声欢呼，表达内心的激动和喜悦。后来，华盛顿在日记里这样写道："这是一个决定性的时刻，是美洲殖民地所经历过的最重要的时刻之一。"

作为大陆军总司令，华盛顿的头脑还是十分冷静的。他一再告诫人们："美法结盟仅仅为我们提供了一个有利的契机，要想取得战争的胜利，美国人民还必须继续进行艰苦卓绝的斗争。"他强调：美法结盟也许会令人们走向一个极端——过度依赖法国，这对于美利坚民族的长远利益是不利的。他认为，与法国结盟是出于战争的需要而采取的外交策略，美国以后不应长久地卷入欧洲的纷争，否则只能束缚自己的手脚，损害美利坚民族自身的利益——这也是华盛顿就任美国总统后一直坚持的外交政策。

四个多月后，英国海军炮击法国船只，英法之间在"平静"了15年之后重新开战，再次引发了世界政治的变化。当时世界上为数不多的几个强国均先后介入美国独立战争。

1777 年冬至 1778 年春，华盛顿的队伍在福吉谷经历了一场严峻的考验，后来美国史书家将这段日子称为"福吉谷冬营"。

　　福吉谷是华盛顿率大陆军撤出费城后选择的过冬的地方。福吉谷坐落于群山之中，易守难攻。在布兰迪温河战役和日耳曼城战役后，严寒的冬天来了，大陆军迫切需要寻找一个安全的营地来过冬，福吉谷便是一个不错的选择。华盛顿带领着疲乏不堪的大陆军开进山谷后，将士们住在破陋的木屋之中，不仅御寒的外套不敷使用，甚至连鞋袜都相当缺乏，饥寒交迫，天花、伤寒等疾病肆虐，医药奇缺，真是苦不堪言。当时来访的议会代表团如实报告了美军的情形："饥饿的部队军容涣散，毫无健康及斗志可言。"

　　华盛顿多次向大陆会议请求支援无果后，只得将目光投向遥远的欧洲。但是法国的援助一时难以抵达，华盛顿的将士们只得在福吉谷里苦苦挣扎。

　　几个月前还被视为国家希望的华盛顿这时备受怀疑，甚至被扣上"逃避""失职""懦弱"等罪名。与之形成对比的是，盖茨将军则成了大家眼中的红人。萨拉托加大捷后，大陆会议给了盖茨莫大的荣誉，却忘记了在北方苦战坚持的阿诺德将军。

军界和政界的上层也酝酿着一场反对华盛顿的阴谋：试图利用华盛顿的困境罢免他的总司令资格。核心人物就是华盛顿一直视为好友的米夫林将军和盖茨将军，以及素来为他所不齿的法国人托马斯·康威。

鼓噪最甚的是法籍准将康威。康威自抵达美利坚开始，便自称在普鲁士的腓特烈大帝麾下效劳过，自诩为大陆军中最有经验的军官，应该得到少将军衔。但是华盛顿历来反感这种华而不实的作风，经过一段时间的了解后，更是不喜欢康威的傲慢无礼和追名逐利，认为康威对自己作为军官的才干和他在大陆军中的重要性，大半是"他自己的臆想，而不是事实"，因为他的格言是，"功劳不可不讲，利益不可不争"。为了抵制康威的举动，华盛顿向大陆会议表示，如果满足康威的要求，他可能辞职，因为"如果在我的路上设置这种难以逾越的障碍，我将无法工作"。康威见华盛顿坚决反对自己的要求，便与米夫林将军等人组成了一个反华盛顿的集团，史称"康威集团"。

　　当康威等人对盖茨将军极尽吹捧之时，盖茨乐在其中，甚至开始越过华盛顿，将有关报告直接呈送给大陆会议。在北方战事趋缓的形势下，他不顾总司令的命令，拒不派兵南下。华盛顿自然对盖茨将军的不服从命令之举不满，但是他不打算直接揭露他，他选择相信昔日故人的良知和智慧，所以只是就当时发生的一些事情写了一封信，交由汉密尔顿送给盖茨。

　　1777 年 10 月 30 日，汉密尔顿上校携信至盖茨处。信中说："我愿借这个机会祝贺你指挥的军队获得重大胜利，迫使伯戈因将军及其全部军队以战俘身份投降。这是美国武装力量的极大光荣。同时，我不能不感到遗憾的是，这样重大的事件、同我们的全盘作战如此利害攸关的一件事，我竟然只能通过传闻或信件的渠道得知，如果你当初写一份简短的报告，把事实简单说明一下，由你亲自签名，那当然会比这种传闻或信件要可靠得多。"但是盖茨对华盛顿的婉转提醒并不领情。

　　康威集团在大陆会议积极进行串联活动，大会竟接受他们的意见，设立一个军事委员会，由盖茨任主席。这样，盖茨就摆脱了华盛顿的直接领导。康威被提升为少将，并被任命为总监，康威进驻福吉谷，只对大陆会议负责。康威集团的力量一时甚嚣尘上。

1777 年 12 月，米夫林给盖茨写了一封密信，内称一封康威写给盖茨的信被送到了司令部，那封信中有这么一段话："康威将军在致盖茨将军的信中说：若非上天决定拯救你们的国家，一位无能的将军和几位拙劣的谋士早已把它断送。"盖茨收到米夫林的信以后，很是慌张，一想到他和康威等人在私密函件中对华盛顿的指责已经被华盛顿觉察，他赶紧写信向华盛顿辩解。华盛顿在回信中将自己所知道的情况据实以告，这时他还没有想到盖茨和康威已经胆大妄为到要颠覆革命的程度。得到回函的盖茨再次写信给华盛顿，为康威开脱和辩解，信中还充满了一些对华盛顿的不实指责。华盛顿见信很是愤怒，他没有想到多年的好友为了私利能够如此无视国家利益。

这个时期，华盛顿又陆续收到大陆会议成员帕特里克·亨利和会议主席亨利·劳伦斯转给他的几封信。读信之后，华盛顿勃然大怒。原来，这几封信中，充斥着抬高盖茨、污蔑华盛顿的话，污蔑华盛顿贪恋家庭生活、想要辞职回家的谣言。华盛顿没想到自己的信任完全被忽视，更没想到为了革命事业的大局，他的忍让会换来对方的步步紧逼。愤怒的华盛顿决定对敌手的恶意诽谤和造谣进行有力的回击。

首先，他在给会议主席劳伦斯的一封信中明确表示："某些居心叵测的人形成了一个与我为敌的派别，对此我并非一无所知……我的主要不安在于担心内部不和可能会给共同的事业带来危险后果。我的敌人卑劣地利用了我的处境。他们知道我处境困难。他们知道，不管他们的含沙射影多么有害，我如若加以驳斥，就势必会泄露机密，而保守这些机密又是多么重要。"其次，他将自己所了解的康威集团的阴谋举动向劳伦斯做了详细的汇报，建议劳伦斯将收悉的关于此事件的所有匿名信交给国会，"递交给你的匿名信中提出了许多对我的严肃指控，我希望它们能被上交到国会。考虑到你如果压制或者隐瞒可能会在以后被卷入尴尬的境况——因为不确定有多少人、都有谁私下里知道信的内容——我更愿意你这么做。"

与此同时，华盛顿向大家坚决表示，只要公众对他的工作还满意，而不是某个小集团要求他辞职，那么他会将革命事业进行到底。华盛顿的坦率举动，打破了康威集团的阴谋，大陆会议决定立即对康威发起调查。

康威等人想要推倒华盛顿的消息不胫而走，福吉谷军营里的将士们得知自己的总司令要被康威阴谋赶走后，群情激动，大家义正词严地当面痛斥康威的卑鄙伎俩，使康威在福吉谷形单影只，最后只好灰溜溜地离开那里，乘船回法国去了。

盖茨眼见形势不对，马上写信向华盛顿解释，否认自己与康威有合谋之事，意图为自己开脱责任；而米夫林更是公开宣称：华盛顿是自己最要好的朋友。华盛顿从大局出发，不追究康威之外的人的过错。华盛顿以他的无私公允、坦荡胸襟和睿智成熟，战胜了此次阴谋，赢得了人民的爱戴。从此以后，一直到战争结束，他的领导地位再也没有受到重大挑战。

粉碎了康威阴谋的华盛顿仍然带着士兵在福吉谷里练兵，咬牙撑过了冬季最艰难的日子。1778年2月，将士们从简陋的帐篷搬进了新修的营房里，食物也比之前丰富了许多。华盛顿夫人马撒带着弗吉尼亚的物产，在这里进行过短暂的停留。她的陪伴，对想念弗农山庄日久的华盛顿来说，弥足珍贵。

这时，普鲁士军事专家冯·施托伊本男爵来到了这里，他向华盛顿提出了使军队一体化的训练计划。他教士兵们一些基本战技，从演习、肉搏、拼刺刀到列队行军等，他编写的步兵训练规程以《蓝皮书》为名印刷，分发全军。福吉谷的美军在他的训练下，逐渐展现出一支正规军的威武面貌。深感于这位普鲁士人的热心及渊博的知识，对美军实在功不可没，华盛顿推荐并任命他担任美国大陆军队的检查总长，领少将军衔。

1778年6月，宾夕法尼亚的大地已经充满了勃勃生机，因为美法同盟的推进，福吉谷的给养和援助越来越丰富，将士们越来越有战斗热情。

一直密切注视费城英军动向的华盛顿发现，英军有撤出费城的迹象。自从克林顿接替豪将军后，各种物品或被拍卖，或被装船，行李和重炮也开始起运。6月18日，克林顿将军率领英军匆匆离开费城，渡过特拉华河，向纽约退去。华盛顿立即派麦克斯韦尔将军率领新泽西民兵沿途干扰敌方，为华盛顿所率领的主力部队跟上克林顿他们创造时间，并利用一切可能出现的有利形势采取行动。

6月27日，当华盛顿了解到英军主力分三支驻扎在蒙茅斯法院外时，他决定发起进攻。华盛顿派斯科特将军、韦恩将军和拉法耶特侯爵带领几千精兵前往离英军最近的前方阵营，赶去与麦克斯韦尔会合，这支前方的部队由拉法耶特统率。考虑到英军增加了与美军直接接触的后方兵力，华盛顿又派出在南方取得过骄人战绩的查尔斯·李将军赶去和拉法耶特会合。其他部队由华盛顿亲自率领，准备从英军后方发起进攻，以便最有效地打击敌人。

6月28日凌晨，英军负重前行，华盛顿命令向英军发起进攻，狼狈不堪的英军遭到打击后，很快便露败象。华盛顿信心十足，继续向前进击时却惊异地发现，查尔斯·李的部队正惶恐而混乱地溃逃下来。

这场至关重要的战斗中，华盛顿骑乘在骏马之上，四处穿梭，无所不在。拉法耶特后来写道，华盛顿只需用"眼角一瞥"，便可以使混乱归于平静。这位对华盛顿崇敬有加的法国人说道："我一直相信，没有人比他更伟大。"到夜幕低垂前，经过大家的努力，美军扭转劣势，迫使英军弃攻为守了。但是美军也没能将英军主力消灭，一个绝好的机会就此消失。查尔斯·李将军后来受到美国军事法庭的起诉，被勒令退伍。

后来，华盛顿在检讨战情时发现，查尔斯·李将军根本就是一遇到英军抵抗便下令撤退，其缘由是他本就出身英国，在英国的战场上颇有盛名，内心高傲的他一直看不上华盛顿的战术，所以拒不接受华盛顿的指令。好在大陆军凭借实力和运气，不仅躲过了一场浩劫，还将英军赶进了纽约城。

1778年7月13日，华盛顿收到大陆会议的消息，得知一支法国舰队已经抵达美国东海岸，随船而来的还有4000名法国海军士兵。这支在海上整整航行了78天才赶到的军队，受到美国军民最热烈的欢迎。

法军舰队总司令德斯坦伯爵是一位久经沙场的老将，作战风格果敢干练。他率领的舰队刚刚抵达桑迪岬附近水域，就立即与华盛顿会晤，共同商讨对英作战事宜。虽然一场风暴影响了法军从海上发起进攻，但是，美法盟军拉开了合作的序幕。

从1778年下半年的战事来看，美法联军对英国的作战未能取得什么重大的突破。因为华盛顿对结盟保持着警惕性，当法方提出美法联合进攻加拿大时，他立即警觉起来，20多年前在英军阵营里和法国人争夺迪凯纳堡的记忆并没有消退，他担心法国人一旦借此机会占领了加拿大，就像当初一样不舍得撒手，这样反而对美国不利。所以，他向大陆会议写信，恳切陈词，成功地阻止了这个动议。1778年12月以后，华盛顿将美军安置在从长岛海峡到特拉华州的几个营地中，一面令部队休整越冬，一面负责保卫哈德孙河流域的安全。

1779年1月，华盛顿前往费城，与大陆会议商讨新一年的作战计划。这一年，除了取得哈德孙河畔石角据点的胜利外，北美战场上没有出现什么大的战事，交战双方的行动都很谨慎。

1779年年底，暂时返回巴黎的拉法耶特侯爵从法国传来了好消息。原来，在巴黎期间，他说服法国政府贷给华盛顿更多的经费，而且派出罗尚博将军率领5000名法国远征军前往北美，支援美国的独立战争，法国方面还特意部署罗尚博将军作为华盛顿的第一副手，接受华盛顿的指挥。

华盛顿知悉拉法耶特在巴黎的努力深受感动。他在莫里斯军营立刻给拉法耶特写信说：

"您对自由事业的无限热心，您对这新生世界的深情厚谊，您在美国及返法后为合众国所做的不懈努力，您对美国人民无微不至的关心，以及您对我要求严格而又始终如一的友谊，已经把我最初见到您的感觉——尊敬与喜欢，转变为完完全全的热爱和感激，而这种感情不会由于时间与距离的变化有所减损。不论您以何种身份——以英勇无比的法军统帅的身份（如果情况有此需要），或者作为美军的少将师长，或干戈平息解甲归田后作为私人朋友与伴侣——我都将以热情的友谊欢迎您到哥伦布的土地上来，并欢迎您光临寒舍。但无山珍海味和豪华的享受，只有家常便饭和亲切的款待。"字里行间洋溢着最诚挚而热烈的感谢。

拉法耶特于 1780 年 3 月离开巴黎，4 月底再次抵达波士顿，受到美国人民的热烈欢迎。几个月后法国著名将军罗尚博率领 5000 名法国精兵在美国罗德岛顺利登陆。美法联军并肩作战的大幕正式拉开。

黎明前的黑暗

我亲爱的哈里森上校，请你奋力挽救你的国

家。你可以（请允许我加一句）派你的最有能力
的、最好的人到国会里去。在这么急迫的危险时
刻，这些人物绝对不能在家中睡觉。当美国的共
同利益正在逐渐崩溃，走向无可挽回的（如果不
立即采取补救措施的话）毁灭时，他们自身的利
益也无可避免地将被最终牵涉进去，他们绝对不
能只满足于享受本地区的荣誉和利益。

——华盛顿

1779 年入冬以来，由于供给长期匮乏，莫里
斯营地充满了各种杂音。华盛顿发挥其一贯的忍
耐力，平息了大陆军官兵一次又一次的怒火。

就在华盛顿继续在中部艰难维持均势时，困
守纽约的克林顿将军对自己长期以来拥兵 15000
却毫无作为的状况厌倦至极，他看到法国军队和
英军在西印度群岛鏖战，无暇顾及美国南部，而
南部一直是效忠派的大本营，便自己亲率大军于
1779 年 12 月 26 日南下，直奔重要港口查尔斯顿
而去。

1780 年 2 月，克林顿将军率领的英军抵达春
意融融的查尔斯顿，10000 人的英军对这座城市
形成包围之势。在莫里斯冬营的华盛顿闻讯后，
立即写信给守城的本杰明·林肯将军，要他吸取

纽约华盛顿堡的教训，当前要以保存力量为最要紧的事务，做好撤出查尔斯顿的准备，以免陷入重围而不能脱身。但是林肯罔顾华盛顿的命令，执意守城。英军将查尔斯顿围得像铁桶一般。5月12日，困守查尔斯顿的5000名美军向围城的英军投降。美国军队遭受了自开战以来最惨痛的一次失败，南部战场局势急转而下。

大陆会议听从反华盛顿的意见，命令盖茨将军即刻南下驰援南方。然而，盖茨率领的美军在南卡罗来纳的卡姆登遭到英军康沃利斯部沉重打击，人数占优的美军竟然被打得落花流水，损失2000人。大陆会议当即撤销了他的职务，然后将南方的烂摊子扔给了华盛顿。华盛顿虽然对南方一败涂地的局面揪心不已，但是他也看到了希望所在，英军要想控制广袤的南部，就必须分散兵力在各要地驻扎。只要兵力分散，美军就有机会逐个击破。他派出格林将军率军南下，去南方收拾残局。

但是，查尔斯顿的陷落只是黑暗的1780年的开始，这一年注定是美国独立战争最艰难的一年，也是华盛顿屡受打击的一年。

1780年9月24日，3名美国民兵在西点附近巡逻时，发现了一个形迹可疑的人。为首的民兵准备例行盘问时，这个商人打扮的人虽然极力表现得镇定自若，但是看起来却目光闪烁，急于离开。民兵们疑窦立生，马上搜查这个人的行装，结果在他的马靴里发现了一封西点要塞司令阿诺德手书的信件，粗粗读了一下，居然是西点要塞的布防图，以及阿诺德将要与英军里应外合拿下要塞的计划。民兵们大惊失色，无视这个"商人"的财物诱惑，将其送至附近的美军据点。詹姆斯上校查问之后得知，这个人的真实身份是英军安德烈少校，此次奉命将美军在西点要塞的详图交与英军。

期间，华盛顿于 9 月 20 日至 24 日去康涅狄格的哈特福德和罗尚博将军商讨联合进攻纽约的事情，无果而归。在回归莫里斯途中，他打算去西点探望一下阿诺德将军，与他们夫妇共度一段愉快的时光。令华盛顿诧异的是，当他带领随从们抵达阿诺德的营地时，迎接他的不是阿诺德，而是一位副官，连阿诺德夫人佩吉也称病不见。经过询问，华盛顿发现阿诺德已经一整天不在此处了。这引起了他的怀疑。就在华盛顿准备去另一个营地时，卫兵将英军间谍安德烈押来了，随

为独立而战　第三章

同而来的，还有詹姆斯上校。

这时，华盛顿才知道阿诺德已经叛变，并在几个小时前潜逃至敌方了。华盛顿惊怒交加："我如此器重的阿诺德竟然能够做出此等让人不齿之事，我还能相信谁！"随行的拉法耶特侯爵和汉密尔顿上校看着总司令如此难过，均陷入了沉默之中。这时，窗外的天色迷蒙，哈德孙河上蒸腾的水汽将这个本就模糊的下午渲染得面目不清。

本尼迪克特·阿诺德，这个骁勇善战、为独立事业立下了卓越功勋的将军，为什么要在革命事业向好的时候选择叛变呢？大家都百思不得其解。

事情回溯到萨拉托加大捷后，大陆会议表彰了很多人，唯独没有阿诺德。阿诺德一直受盖茨的压制，在萨拉托加大捷前，盖茨甚至撤销了阿诺德总指挥的职务。但是阿诺德在美军处在劣势时，勇敢地率军阻击敌人，为赢得萨拉托加战役的胜利立下了汗马功劳。让他寒心的是，盖茨在向大陆会议通告情况时，只字未提阿诺德，这深深地伤害了阿诺德，他委屈地向华盛顿诉苦，华盛顿尽力安慰这位遭受了不公正待遇的老将，总有一天他会受到应有的嘉奖的。

　　为了补偿阿诺德，华盛顿让他负责费城的防务，以备迎接将来的大战。让人意外的是，费城的灯红酒绿、纸醉金迷让内心愤愤不平的阿诺德迷失了自我。恰在此时，他又坠入了亲英女士佩吉的情网，迅速地和她结了婚。婚后，为了满足佩吉的豪华生活的欲望，身无分文的阿诺德不惜挪用公款，招致大陆会议军事法庭对他的审判。大陆会议判定阿诺德有罪，将他交给华盛顿，由华盛顿对他"严加申斥"。

　　念其曾经拥有卓越的功勋，考虑到他遭受的不太公平的待遇，华盛顿给阿诺德保留了军职，希望他戴罪立功。审判结束后，阿诺德多次向华盛顿请求，要求就近驻防西点要塞。华盛顿应允了他的请求。

　　在妻子佩吉的联络下，阿诺德和克林顿将军的副官安德烈建立了联系，并且与英方总指挥克林顿达成了卖国协议：以西点要塞为筹码，英方负责阿诺德过上英国贵族的生活。阿诺德趁英军发起进攻的时机，在内部应和，将要塞交给英方。西点要塞是美军在纽约附近的重要堡垒，它位于哈德孙河边，流经此处的哈德孙河呈"S"

状，过往的大型船舶经此必须减速，是打击来犯敌船的重要关口，可以阻止英军沿河而上直达北部。如果阿诺德的阴谋得逞，那么英军可以凭借西点要塞给美军造成重大的打击，后果不堪设想。

震怒过后的华盛顿渐渐冷静下来，他立即安排汉密尔顿带人马上去逮捕阿诺德，但是因为詹姆斯上校的走漏风声，阿诺德已经逃上了英国军舰，成为美国可耻的叛徒。大陆会议再次公开审判阿诺德，从此他在美国的政治生命彻底结束。叛逃英国后，丧心病狂的阿诺德多次领兵攻打自己的祖国甚至家乡弗吉尼亚，这导致曾经对他念念不忘的人们再也不愿意提及阿诺德这个名字，而他亦被英国人抛弃，最终在伦敦隐姓埋名地过完了耻辱的后半生。

大陆会议一直都有对华盛顿持异见者，他们以阿诺德曾是华盛顿的亲信为由，试图攻击他。面对革命阵营内部可能出现的混乱，也为了防范其他人背叛革命，华盛顿忧心忡忡地告诫大家："政治迫害只会被敌人利用，它将播下猜疑和仇恨的种子。如果我们吞下这个诱饵，那就会人人自危。除了相互之间的猜疑外，什么好处都得不到。"

实际上，华盛顿的心情极为沮丧，"跌到谷底了"。夜深人静的时候，饱受多年征战之苦的华盛顿临窗独立，这场战争到底有没有终期？革命队伍里到底还有没有像阿诺德那样的人存在？那日夜流淌的波多马克河还能再见吗？弗农山庄的花木成荫，不知道自己是否还有机会再去莳弄？

当第二天的太阳照常升起时，华盛顿立即就明确了自己应该承担的职责。他注意到军营里有一股颓丧之气，便竭力转移大家的注意力。在例行的总司令讲话时，他告诉将士们，"这次阿诺德叛逃事件的确对我们是一件很糟糕的事情，但是，如果从美国革命事业的全局来看，这未尝不是一件好事，因为事情还没有出现不可挽回的恶果时，我们发现了不对的地方。上帝保佑美国，我们一定能够将伟大的独立事业进行到底，胜利一定就在前方。"

"胜利！胜利！"士兵齐声欢呼。

阿诺德事件后，华盛顿吸取大陆会议之前的教训，对抓获安德烈少校的三位民兵进行了表彰，亲自为他们戴上刻有"忠诚"字样的奖章。

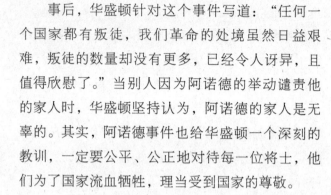

事后，华盛顿针对这个事件写道："任何一个国家都有叛徒，我们革命的处境虽然日益艰难，叛徒的数量却没有更多，已经令人讶异，且值得欣慰了。"当别人因为阿诺德的举动谴责他的家人时，华盛顿坚持认为，阿诺德的家人是无辜的。其实，阿诺德事件也给华盛顿一个深刻的教训，一定要公平、公正地对待每一位将士，他们为了国家流血牺牲，理当受到国家的尊敬。

宾夕法尼亚的冬天来了。1780 年 11 月，华盛顿领兵进入设在新温莎的冬季营地。因为资源有限，大陆会议的给养一如既往地滞后，为了尽量减轻负担，华盛顿不得不将服役期在 1780 年内的士兵们打发回家，而他也只能靠弗农山庄的产出才能果腹，万般无奈之下，他只好再次派人前往法国借贷。但是远水解不了近渴，士兵们哗变了。1781 年 1 月 1 日，宾夕法尼亚的一部分饥寒交迫的士兵们借着酒兴，往费城出发，向大陆会议发难，要求大陆会议兑现征兵时的承诺。

华盛顿闻讯后，立即派人前往费城，告诫大陆会议成员们，不要试图躲避这些士兵，同时交代韦恩将军要妥善处理，不要将这些士兵推向对立的英军阵营。他告诫韦恩将军，"在那些士兵们仍然团结一致的情况下，对抗是不起作用的。如果能够坐下来谈判，问题会得到解决。如果用武力使他们就范，那么会把他们赶进敌人的怀抱，或者会把他们拆散，以后再也无法将他们集合起来了。"

大陆会议听从了华盛顿的建议，既没有躲避，还基本上满足了士兵们的要求，立即发给他们军饷差额的证书，许诺待条件成熟时立即付清，大部分士兵复原，余者休假40天。这次哗变就此解决。但是新泽西的部队也在酝酿兵变。这时，华盛顿拿出了杀伐果敢的作风，派出1100名精兵强将干脆利落地解决了问题：逮捕了带头闹事的几名军官，安抚了参与此事的士兵。

士兵应该怎样对待祖国，华盛顿有自己的忠诚原则："武装的军人向自己的国家发号施令的先例对人民的自由是极其危险的。"因此，他处决了两个头目，严令军人必须对祖国无条件地忠诚。

美国与法国结盟后，独立战争的形势并没有发生根本性的好转，反而一度出现新的危机，战场上屡遭失败，军中供给困难，兵变迭起。大陆会议也矛盾重重，一筹莫展。而阿诺德的叛变余波将这场危机推向了高峰，一时间美利坚险象环生。但是，每个人都相信，只要将独立事业坚持下去，等待他们的，必然是一场伟大的胜利，而现在的危机只是黎明前的黑暗而已。

胜利结束独立战争

怀着对避免进一步流血的热切期盼，我认为有关您在约克和格洛斯特的驻军和卫戍部队投降的条款可以接受，并乐意聆听其详。我希望阁下的书面建议能够在专员会议举行之前被送到美军营地；为此，在这封信送出后将停战两小时。专此奉达，即颂。

——华盛顿

1781 年 5 月，经过几次战斗，英美双方的军事形势和力量对比形成了这样的格局：英军主力在克林顿统率下据守北方纽约，康华利部集结于南方的弗吉尼亚；大陆军主力在华盛顿统领下驻守纽约附近，格林的南方军团在南卡罗来纳补充给养，准备对付查尔斯顿的英军；一支法国远征队已在美国登陆，法国海军也即将行动。

根据这种新形势，一直等候时机的华盛顿认为同英军最后决战的时机已为时不远，现在最重要的是选择正确的决战地点。

1781 年，美军扎营于多布斯渡口和格林伯格山附近，等待扩充部队，以便进行计划中的进攻。在这个等候期，华盛顿和他的部队继续遭遇着给养不足、兵力得不到补充的困难，如果我们翻开华盛顿写于此期间的信件，就不难体会到他那些信件背后蕴含的无助甚至愤怒。立法机构对他和革命事业的支持始终不到位，那些老爷们总是在担心他过于集权。而华盛顿一如往昔，即使某一部分人不支持他，他也毫不妥协。

1781 年 5 月 21 日至 24 日，华盛顿同罗尚博将军在康涅狄格州的韦瑟斯菲尔德举行了重要会谈，具体商讨在纽约进行决战的计划，拉法耶特也支持攻取纽约。7 月时，华盛顿收到法国舰队指挥官格拉斯伯爵的信，说他将于 8 月份率领 25—30 艘军舰和大批陆军士兵直接开往切萨皮克，因为纽约有英军重兵把守，无论是海上还是陆地，都不易成功，但弗吉尼亚是英军防卫的薄弱地带，如果从此处打开缺口，必能全歼康华利部，然后集合美国本土的力量，直取纽约。

接信后，华盛顿一开始觉得有些两难，切萨皮克在弗吉尼亚东南部的海边，更接近南部战

第三章 为独立而战

143

区，离纽约有很长一段的距离，这在常人看来，从纽约奔袭到南方去战斗简直就是笑话。但是，经历这么多年战争锻炼的华盛顿体现出了一位成熟的总司令的智慧，他坚信有法国海军主力舰队的配合，一定能在弗吉尼亚打胜仗。华盛顿认真地审视着美国地图，果断放弃了从表面来看一切准备就绪的纽约，将兵锋剑指约克敦。

几天之后，南下约克敦的命令秘密下达给了几位将领，其他人仍按照纽约战斗来准备。事实证明，华盛顿的决定是赢得美国独立的关键之举。

8 月 15 日，华盛顿在给拉法耶特的信中告诉了格拉塞伯爵要抵达的消息，一定要在北卡罗来纳一带缠住英军，不让他们向南逃窜，要严守格拉塞伯爵将要抵达的秘密。华盛顿叮嘱自己的好友："只要我制订协调一致的计划，并做好从此地派出一支增援部队的布置，我就会立即告诉你。同时，我只需要建议你保持在整个战争过程中表现出来的谨慎作风和良好行为。你对于伯爵的到来特别要注意保密，因为敌人如果不知道这件事，他们将停留在海湾里运输船上，那真是再幸运不过的事情了。"

拉法耶特自然全力配合华盛顿，一直率军坚守南部沿海，稳住城内的英军。而在远方的纽约城，克林顿率领的英军，则一直警惕地监视着随时发动进攻的华盛顿。

　　华盛顿则亲自率领士兵南下了。新泽西各地在兴建军营，到处都在建设炉灶，好像在等候着大批的士兵到来一般。大家一致认为，无论怎么调动军队，他们都是在迷惑敌人，攻击的一定是纽约。8 月 22 日，康华利从约克敦致信守在纽约的克林顿，说如果需要，他可以抽调部分兵力支援纽约。殊不知，约克敦才是美法联军要攻取的目标。

　　8 月 20 日美法联军开始横渡哈德孙河，按照华盛顿的指令行动，他们要和格拉塞伯爵领导的法国军队在切萨皮克会合，然后剑指约克敦。8 月 25 日，联军已经穿过了英军所有的前哨阵地，快速向费城前进了。这时克林顿想要阻拦他们为时已晚，仓促中组织英军出击，但希思将军率部与之缠斗，难以取得进展。8 月 30 日，格拉塞伯爵率领的法国舰队抵达切萨皮克，在经过一场海上激战后，英军舰队往纽约逃窜，格拉塞成功地封锁了约克河河口，切断了康华利部的海上退路。康华利发觉情况有些不妙，但是自信满满的他没有采取向内地撤退的行动，从而失去了在华盛顿发起进攻之前的最后的逃走机会。

9月2日至3日，美法军队先后开进费城。华盛顿在逗留费城期间，与爱国的金融家莫里斯先生进行了长谈，获得了莫里斯先生的重要支持，大陆军的补给维持到了约翰·劳伦斯从法国带回贷款，在成功地解决了大陆军军饷的问题。9月9日，华盛顿和罗尚博将军"拜访"了阔别已久的弗农山庄。

当华盛顿一行风尘仆仆地策马出现在波多马克河畔的家园时，整个弗农山庄都沸腾了。大家奔走相告，马撒和家人紧紧地围住他，华盛顿的身躯还是那么高大稳健，目光还是那么坚定，虽然已显苍老，但是举止之间更有一种经过战火打磨过的睿智和坚韧。华盛顿看着自己朝思暮念的亲人们，心潮澎湃，感慨万千，自己所有吃过的苦都可以忽略不计。虽然家园温暖，但是华盛顿在弗农山庄只停留了短短的三日，便和罗尚博将军一起离开了。

此时驻守在威廉斯堡的拉法耶特，还不知华盛顿已经亲自来到弗吉尼亚。在8月初给华盛顿的信里，他一边汇报自己正在遵照指示，率领军队在康华利部周围布防，切断康华利在格拉塞堵住海上退路后可能要采取的陆上退路，一边表达了对华盛顿亲自前来约克敦指挥作战的期待："我亲爱的将军，在目前的情况下，我希望您亲自到弗吉尼亚来，如果法国军队到这里来，我至少能高兴地看到您指挥美法联军。"

关于此次作战计划的部署，华盛顿后来曾经说过这样一番意味深长的话："我一向认为，在很多人面前隐藏不住一件事，在外边也是完全隐瞒不了的。"

9月12日，华盛顿和罗尚博伯爵启程前往威廉斯堡，与驻扎在那里的拉法耶特会面，拉法耶特见到华盛顿后的惊喜万分。他们立即和格拉塞伯爵、圣西蒙爵士等紧急开会磋商，如何集中优势兵力将此次作战计划贯彻下去。

就在华盛顿紧锣密鼓地调兵遣将时，弗吉尼亚的爱国人士听说美法联军要攻打约克敦，大为振奋。前不久英军在弗吉尼亚一带的横行霸道犹在眼前，现在终于要拔掉约克敦敌人的大本营，大家主动要求加入大陆军和民兵的队伍，联军队伍日益壮大，华盛顿的队伍增加到接近10000人；

格拉塞将军所部士兵也达到9000人，一时间热闹非凡，气象颇为壮观。

现在让我们来看看约克敦的情况，这个地方注定要因为一场伟大的胜利而载入美国史册。约克敦位于约克河口的南岸，东临切萨皮克湾。康华利退守此处，自然有他的打算，那就是进可以接受海军的支援，退可以从海上逃走。按说康华利的想法无可厚非，很有几分道理。但是正如我们在前边已经了解到的，华盛顿已经制定了一整套的计划，他已经没有退路了。

9月28日清晨，美法联军在华盛顿的指挥下从威廉斯堡出发，开往12英里外的约克敦。傍晚时分，大军在距离约克敦不到2英里的地方安营扎寨。

10月1日，大陆军开始加强他们的防御工事。因为罗尚博将军提出用挖战壕的方式接近英军防线，几天工夫，联军战壕便完全修好，对准约克敦的炮台也架设齐整。10月9日，美法联军修好了在陆地上的包围圈。同时，格拉塞伯爵则将其主力放在林恩哈芬湾，法国海军也从海上切断了英军的水上退路。

下午，华盛顿点燃了第一炮，接着美军大炮

猛烈射击，联军一连数日不分昼夜地向约克敦城内发起进攻。据一位目击者事后回忆："白天，炮弹像一个黑球，夜晚，炮弹像一颗炽热的流星拖着亮得耀眼的尾巴……炮弹落下的时候，在附近造成可怕的破坏。"

华盛顿亲自在离英军很近的高地指挥，即便偶有炮弹飞过来，也镇定自若。联军的进攻效果十分显著，敌人的工事遭到严重破坏，英军的火力完全被抑制住了，许多人被打死。康华利越来越绝望，躲在地洞里，呆呆地望向外边。康华利重重地叹了口气，美军的攻击力如此之强，完全超出想象。听天由命和怨天尤人，轮流折磨着这个曾经不可一世的将军。

英军节节败退。华盛顿按捺不住激动的心情，和林肯将军以及参谋人员站在一个炮兵阵地上，通过射击孔观看进攻的情况……

一颗子弹打到大炮上，沿着炮壁跌落下来，弹到华盛顿的脚上。诺克斯将军抓住总司令的胳臂，向他喊道："我亲爱的将军，我们现在少不了你。"华盛顿安慰着诺克斯将军："你们看，这颗子弹的冲力没有了。造不成危害。"

当英军的两座棱形堡被攻克了，华盛顿才松

149

了一口气，离开炮台。诺克斯将军在听得总司令说了一句"工作干完了，干得很好"后，也跟着松了一口气，而在一旁等候已久的老威廉则赶紧将华盛顿的马牵了过来。

战斗继续进行，美军和法军在约克敦的战场上展开了颇有意味的竞争，谁也不愿意在这场事关全局的决战中被对方比下去。华盛顿的干将汉密尔顿不负期待，他承担了指挥整个先头部队的光荣任务，屡屡胜利完成强攻和突袭的任务，将美国军人的英勇善战发挥到极致，为约克敦大捷做出了巨大的贡献。在将来，他将继续为这个国家贡献自己的才智。

10月17日，萨拉托加大捷纪念日。一轮红日从东边冉冉升起，一名红衣英军在康华利的授意下，示意联军"请求谈判"。

华盛顿接受了康华利的投降要求，但是要求康华利尽快签署投降文书，既要保证联军的战果，也不能给对方等候援军的机会。投降协议很快签署完毕，正式的投降仪式确定于1781年10月19日举行。

我们不妨来看看亲历者撒切尔的描述：

"十二点钟光景，联军整队排成一英里

多长的两列队伍，美国军队排在大路的右边，法国军队排在大路的左边。华盛顿站在美国军队的前面，他骑着一匹骏马，由他的参谋人员跟随着；罗尚博伯爵和他的随从人员站在法国军队的前面。法国军队全都穿着制服，装备良好，显得非常神气，他们在军乐队奏乐声中行进到场地来，这对美国军队来说是一件新鲜事。美国军队只有一部分人穿着制服，大家的服装差得多，但是他们还是显得很英俊，很威武，在他们的同胞眼里并不比法国军队逊色，因为他们带着艰苦服役的标志。从乡下四面八方赶来的参观者似乎和军人的数目差不多，可是全场仍然保持着安静和秩序。

两点钟光景，英军部队肩背武器，迈着缓慢而严肃的步伐穿过人群。他们把军旗装在盒子里，军鼓敲着一支英国进行曲。他们都穿得很好，在投降之前还发了新的服装。他们由奥哈拉将军率领。奥哈拉将军骑着马向华盛顿将军走去。他脱下了帽子，并为康华利勋爵由于身体不舒服不能前来表示歉意。华盛顿用庄重的礼仪接待了他，但是他

151

指着林肯少将，说林肯少将是接受英军部队投降的军官。林肯少将领着他们进入一个场地，让他们放下武器。在通过联军的行列时，他们的步伐是随便的、不整齐的，他们的脸色是阴沉的，他们的排长用一种十分懊恼的语调发出'放下武器'的命令。有许多士兵用力扔下了他们的步枪，结果把枪摔坏了。林肯将军制止了这种不好的行为。然而鉴于这些勇敢的士兵所处的不幸境遇，这种行为是可以原谅的。仪式举行后，英军部队被带回约克敦置于看守之下，一直到他们被送往他们的目的地为止。"

华盛顿对这次投降事宜要求得如此急迫是很有道理的，就在约克敦的英军被迫放下武器的那一天，克林顿将军率领的 7000 多名士兵乘坐 30 多艘战舰从纽约出发前来增援康华利了。然而，当他抵达切萨皮克时，听到的是康华利已经投降的消息，只得悻悻地返回。

英军受此打击后，一蹶不振。英国首相得到投降消息时已经是十几天以后了，他抑制不住地仰天长叹："上帝啊！一切都完了。"

大陆会议兴高采烈，决定向大陆军总司令华

盛顿、罗尚博伯爵、格拉塞伯爵以及联军的所有官兵表示感谢。会议还下令在约克敦竖立大理石柱，纪念法国和美国的联盟以及联军所取得的胜利。这根坚固的友谊之柱，矗立在约克敦，也矗立在美国历史的天空中。

约克敦胜利后，华盛顿曾想乘势将查尔斯顿一举拿下，但因法国舰队的离去而不得不作罢。1781年已近尾声，英军遭此巨创，短期内不会有什么战事，拉法耶特特别思念自己尚在襁褓中的孩子，于是向华盛顿请假探亲了。剩下的法军由罗尚博伯爵带领，驻扎在威廉斯堡一带，美军主力则在林肯将军的带领下前往新泽西和哈德孙河沿岸驻扎过冬，以备来年对纽约作战。一时间，华盛顿倍觉轻松，他的思乡病终于爆发，于是快马加鞭地赶回了弗农山庄。

华盛顿好像对家族的事务有预感一样，正赶上马撒最痛苦的时候。华盛顿的继子约翰·帕克·卡斯蒂斯去世了，年仅28岁。几年前，马撒的女儿已经辞别人世，此次儿子又年纪轻轻便撒手人寰，白发人送黑发人，情何以堪。华盛顿的回来及时抚慰了妻子的心。为了减轻妻子的痛苦，华盛顿将约翰的四名子女中最小的两个收养为自己的孙子孙女，从此，他们便成了华盛顿的直系亲属。

弗农山庄的伤心事让华盛顿颇觉愧疚，他希望早日回归故里，照顾家人，同时他也盼望尽快结束战争，让这个新生的国家成长起来，走上正轨。1782年3月返回哈德孙河边的美军营地纽堡前，华盛顿在费城停留了4个月之久，在这期间，他建议大陆会议采取强有力的措施，以保证大陆军在1783年尽早发动决定性的战役。那时，因为约克敦大捷，美国人对赢得独立战争事业的胜利而信心满满，大家觉得胜利似乎唾手可得，没有人对这种疏于推进革命事业的状况感到担忧。

华盛顿多次向大家呼吁，即使英国议会真心希望同美国实现和平，美国人还是应当小心谨慎地对待他们，并且用一切办法紧握自己手中的武器。"我们一点也不能放松努力，相反，我们应当加倍努力向前迈进，以使我们可以利用一切良好机会，直到我们的希望完全实现。这种做法无疑是明智的。哪怕是在谈判时还积极备战的国家从来没有在签订和约时吃过亏的。"经过多年战争的洗礼，华盛顿越来越清楚国与国之间的博弈之道，更知道该从什么方面提醒国人注意。

1782 年 3 月，华盛顿率军驻扎在纽堡。5 月，继任北美英军总司令盖伊·卡尔顿勋爵致函华盛顿，向他转交了英国国王向议会提出的和平申请书。从此，英美之间开始了颇为微妙的和谈。美国派出约翰·亚当斯、本杰明·富兰克林以及约翰·杰伊等作为代表，赴欧洲进行谈判。可想而知，谈判过程进行得很艰难，双方就协议逐条展开讨论和辩论，最终于 1783 年 9 月 3 日在巴黎签署协议，名为《巴黎和约》。合约规定英国承认美国是一个自由、自主的独立国家，美国国土东起大西洋，西至密西西比河，南起佛罗里达，北至五大湖区。英美之间的战争正式宣告结束。1783 年 1 月，法英战争也宣告结束，北美大陆基本上恢复了和平。

第三章　为独立而战

155

第四章
解甲归田园

果断的离开

现在我已经完成了交付与我的任务，将要退出宏大的活动舞台。在向这个令人敬畏的机构——在其命令的指挥下，我坚持战斗了如此长久的时间——致以真诚的道别之时，我再次提交我被委托的授权，并辞去我所有的公职。

——华盛顿

停战协议签署后，美英战事基本宣告结束，华盛顿一直盼望着，在国家恢复和平后回到弗农山庄去过自由闲适的生活。但是必须要处理的事件阻止了他的脚步。

战争时期，为了维持大陆军的军需，大陆会议发行了一些债券。但是因为美国没有统一的联邦政府，大陆会议也没有征税职能，更不用说什么中央财政，所以金融集团和广大军民都担心国家无力偿债，更糟糕的是各地的州政府却在承担国家负担方面习惯于装聋作哑。这时，人们希望有一位大权独揽的人来接管政府，或者说，他们想建立一个类似英国君主立宪制的政体，来保障他们的权益。于是，战争创伤尚未平息的美国上演了一场场的政治风波。

曾经担任米夫林堡指挥官的刘易斯·尼古拉上校给华盛顿写了一封措辞漂亮的长信。他在信中列举了当时美国社会的种种弊端，而且把一切问题都归咎于共和制度。他指责共和政体同国家繁荣是不可兼得的，建议要建立像英格兰那样的君主立宪政体。

华盛顿不能容忍在美国建立军事独裁政治体制。在 1782 年 5 月 22 日给尼古拉上校写了一封义正词严的回信："在这件事情上，我认为这样一点也不会引起争论的；那种把我们从显然非人力所能克服的困难中引向胜利和荣誉的才能，那些应该得到并且已经得到军队的普遍尊重和崇敬的品质，十有八九能引导和指导我们在比较顺利的和平的道路上前进。有些人把专制和君主制度的概念紧密地联系在一起，因而觉得很难把它们分开。因此必须使我所建议的政体的首脑有一个显然较为温和的称号。"

热爱自由、民主制度的华盛顿完全不能接受尼古拉派系的军事专制的主张，为了让他们放弃那种不符合大部分美国人意愿的想法，他在回信中说道："我注意阅读了你要我仔细阅读的意见，感到非常意外和吃惊。先生，我可以肯定地告诉你，在战争过程中发生的任何事情都没有像你所说的军队中存在的那种想法更使我感到痛苦。我不得不怀着憎恶的心情看待这种想法，并且严厉地斥责这种想法！目前，我要把痛苦的感受藏在心里，除非这个问题有了进一步的发展，使我非说出来不可。

我很难设想我有什么行为竟会鼓励你写这样的一封信，在我看来，这封信包含着可能降临到我国头上的最大的危害。如果我还有一点自知之明的话，可以说你不可能找到一个比我更讨厌你的计划的人了。同时，为了尊重我自己的感情，我必须补充说，没有人比我更真诚地希望看到军队受到公平的对待。在合乎宪法的方式运用我的权力和影响的情况下，只要有机会，我就要尽最大的努力使军队受到公平的对待。因此，我恳求你，从你头脑里清除这些思想，并且绝不要让你自己或者任何别的人传播类似性质的思想，如果你重视你的国家，关心你自己或者子孙后代，或者尊重我的话。"

华盛顿的信起到了应有的效果，后来再也没人有此念头。总司令为国征战这么多年，却坚决拒绝看似唾手可得的权力，这给所有的将士们上了生动的一课。在一个专制制度占主流的时代，华盛顿坚决拒绝了建立一个大权独揽政府的建议，不能不说这是美国人民之福。

对权力无追逐欲望的华盛顿以比较轻松的方式解决了可能的权力之争，但是有一个问题却是华盛顿一直担心的，那就是大陆军的安置问题。自从革命开始以来，因为没有统一的政府，大陆军的供给一直比较匮乏，大陆会议和各地方政府出于对集权和强权的排斥，对华盛顿和大陆军的支持有限。在战争的后期，华盛顿有时甚至不得不亲自向法国借债来维持大陆军的生存。

根据亲历者的回忆以及华盛顿自己掌握的情况，很多军人为了参战，献出了自己的家产，还有很多人别说供养家庭，就连自己在部队的生活都维持不了。因为大陆会议本身没有财富，而掌握财富的各州又不太理会大陆会议的规定，军队几乎一贫如洗。每逢冬季，大陆军包括民兵更是饥寒交迫，境况极为凄惨，在翻阅华盛顿独立战争期间的日记和书信时，每每读到冬季，总有一股扑面的寒意裹挟着饥寒交迫的痛苦袭来，华盛顿为维持大陆军而承受的委屈和痛苦，通过字里行间浸润给每个人。美法联盟以后，情况稍微好一些，当他们的法国盟友亲眼看到华盛顿军队的情形后，还是忍不住惊叹，美军总司令华盛顿居然和将士们一起住在简陋的帐篷里，吃着简单的饮食，说着同样粗俗的笑话，虽然清贫但是精神很愉快，简直是父亲一般的存在。

物质上的匮乏和对大陆会议的不信任导致士兵和军官都很不满，忍饥挨饿地为独立事业奋斗的激情过去了，现在他们怀疑自己能否得到大陆会议承诺的军饷。那时，大陆会议已经在酝酿解散大陆军，这更加剧了人们的担心。华盛顿对这些情况了如指掌，他不担心别人会强加权力给他，但是他担心那些经历过无与伦比的爱国热情和困难考验的士兵们难以承受未知的未来，或许这些人的忍耐力已经到了极限，在战争结束和平到来时，他更应该担心爆发残暴行为。

1782年底严冬降临之时，在冬季营房里的军人们每天都在情绪激动地讨论军饷的事情，各种猜测和谣言漫天飞舞。1782年12月，军人们向大陆会议提交了请愿书。1783年3月11日，一份未署名的《告军官书》在私下散发，这是出自一位战士之手的书信，文笔很好，情感激昂澎湃，很有感染力和煽动力。

"经过漫长的七年的努力之后，我们试图达到的目标终于在望了。是的，我的朋友们，你们在备尝艰苦的情况下曾经表现出勇气。这种勇气使美利坚合众国能够赢得一场结局不定的、残酷的战争。这种勇气使这个国家获得独立地位。现在和平恢复了，和平赐福给谁呢？

如果当你们佩戴的刀剑对保卫美国还是必要的时候，你们就得到这种待遇，那么，当你们由于分散而呼声减弱、力量消散的时候，当这些刀剑——你们的光荣的工具和伙伴——从你们身边取走的时候，当匮乏、疾病和伤疤之外再没有留下什么军事荣誉的标志的时候，你们能够期望从和平中得到什么呢？……如果目前的时机失掉了，将来你们的一切努力都将是徒劳无益的，你们的威胁之词就同你们现在的恳求一样，都将是没有用处的……"

华盛顿读到这封信以后，立即召集军官们举行会议。他坚定地指出，这封匿名信中的建议的是危险的，这篇习作技术很好，竭力宣传美国大陆会议中存在着蓄意采取的不公正做法，从而不可避免地要引起人们的痛恨。现在他要做的是一方面要求大陆会议按照承诺兑现军饷，另一方面要向大陆军将士们发表一篇演说，力争消除匿名信的影响。

华盛顿是在大家没有料想的情况下抵达会议的，还有他准备好的演说稿。华盛顿走到同甘共苦的将士们中间，说出了发自肺腑的一番话：

"如果我先前的行为没有向你们表明我一直是军队的忠实朋友，那么现在我就这一点发表声明就是不恰当的。但是由于我是第一批参加我们的共同的国家事业的人，由于除了为了公务而离开你们，我一刻也没有离开过你们，由于我经常陪伴你们，亲眼见到你们的疾苦，认识并赞赏你们的功劳，由于我一向认为我的军人名声是同军队的名声分不开的，由于当我听到对军队的赞扬时总是十分高兴的，而当有人诋毁军队时就怒不可遏，因而在战争的最后阶段，不可能设想我对于军队的利益是漠不关心的……"

说到这里，华盛顿出人意料地停了下来，有些颤抖的手伸进制服口袋，摸索着拿出了一副老花眼镜。显得有点笨拙地戴好眼镜后，华盛顿再次看着大家，面带羞赧地说："请原谅，我不是特意要戴上这个的，但是不知道从哪一天起，感觉看东西越来越吃力了，戴上它会好一点。"

大家的内心被什么东西重重地一击，他们面色凝重地注视着自己的总司令，这个一直显得那么高大威武的男人，此时背微微弯曲着，头顶一头花白的头发，显得那么衰老；因为他眼睛也不好了，所以不得不戴着一副眼镜——这就是陪伴了他们八年之久的乔治·华盛顿将军，他们的总司令，居然已经老成了这样。大家的眼睛湿润了，静静地聆听着华盛顿的演说。

"至于我自己，由于我回想起在命运的每一个转折点你们都欣然帮助我，并且迅速服从我，由于我真诚地爱我有幸长期指挥的军队，因而我有义务在这里公开庄严宣布：为了使你们由于备尝艰辛和危险而得到完全公正的待遇，为了使你们的每一个希望都得到满足，只要这样做符合我对国家负有的伟大责任和我们一定要尊重的权力，你们就可能完全得到我尽自己的最大力量进行的服务。

当我向你们提出这些保证，并且用毫不含糊的态度保证尽自己的一切力量来为你们谋利益的时候，先生们，我要恳求你们不要采取用冷静的、理智的眼光来看将贬低和玷污你们迄今保持的尊严和荣誉的任何措施。我要求你们确信你们的国家保证抱有的信仰，充分相信大陆会议的意图是纯洁的，在你们这支军队解散以前，他们将根据两天以前向你们公布的决议中的指示，使你们的全部账目得到公平的结算；他们将采取在他们的权力范围以内最有效的措施来使你们忠诚的、功勋卓著的服役得到十分公平的对待。由于你们珍视自己的神圣荣誉，由于你们尊重人权，由于你们重视美国军人的声誉，我要以我们的共同的国家名义请求你们对有些人表示深恶痛绝，这些人希望以某种似是而非的说法为借口推翻我们国家的自由，居心叵测地企图打开国内倾轧的闸门，从而把我们新兴的国家淹没在血泊之中。要是你们下这样的决心，并且这样干的话，你们将能沿着平坦的、笔直的道路实现你们的愿望。

你们将能击败被迫从公开使用武力转到暗中玩弄手腕的我们的敌人的阴谋。你们将能为无与伦比的爱国主义和耐心提供又一个卓越的证明，这种爱国主义和耐心完全不受最复杂的痛苦处境的影响。由于你们举止庄严，你们将使你们的子孙后代在谈到你们向人类显示的光辉榜样时有理由说：'假如没有这一天，世人决不能看到人性竟然能够达到这样尽善尽美的地步。'"

华盛顿充沛的情感、高尚的情操、审慎的思考，在演讲中得到了淋漓尽致的体现。大家相信有华盛顿这样一位领袖在，他们一定可以像度过艰难的战争年代一样度过现在的困难。

华盛顿以最快的速度，最恳切的语言向大陆会议汇报了此次集会的情况，用他的话来说，他是用自己的正义感、责任感和感激的心情，挺身而出作为军人的辩护人，而且他也做到了。大陆会议再一次讨论了这个问题，九个州一致同意把终身领取半晌折合成等于五年全饷的一笔款项。整个问题就这样由华盛顿解决了。

1783 年 10 月 18 日，大陆会议决定解散军队，宣布所有官兵从 1783 年 11 月 3 日起停止服役。华盛顿最后一次运用总司令的权力给所有士兵放假，让他们回归故里了。士兵们回到了家乡，很快便过起家庭生活，而他们的武器则被子孙后代当作家庭的荣耀保存下来。

华盛顿也是归心似箭。现在应该是放心地离开的时候了。但是作为大陆会议的成员之一，他给同伴们留下了关于治理国家的建议：第一，各州组成一个牢不可破的联邦，由一位联邦首脑领导，各州完全同意这位首脑充分行使宪法赋予的特权。第二，在偿还大陆会议为了进行战争而借的债和履行大陆会议为了进行战争而签署的契约时，应当特别注意使公众受到公正的待遇。第三，要做出适当的和平安排，注意把联邦各地的民兵建立在正规、统一和有效的基础上。必须把我国的民兵看成是我们的安全屏障和在发生战争时可以依靠的第一支有效的力量。因此这种制度必须在全国实行，大陆民兵的编制和训练必须是绝对统一的，美国各地必须采用同样种类的武器、装备和军械。第四，美国人民要放弃地方偏见，相互做出让步，并使个人的利益服从社会的利益。以上四点是光荣的品德赖以维持的柱石。"自由是基础。凡是胆敢挖墙脚或者推倒大厦的人，不管用什么似是而非的理由作为借口，都应该受到他的被伤害的国家最严厉的唾骂。"华盛顿用他的智慧对美国未来的走向确定了基石。

1783年12月4日，华盛顿前往马里兰州的安纳波利斯，向正在召开会议的大陆会议辞去大陆军总司令的职务。

卸任后，大陆会议派专人检查华盛顿从履职到1783年12月13日的账务，发现了更加令人赞叹、更加令人崇敬的事实。这些年来，大陆会议与华盛顿之间的总账额大约为1.45万英镑，每一笔账华盛顿都亲笔记下，时间和用途写得整齐而清楚，一如他当年完成测绘作业一般认真。华盛顿当年担任大陆军总司令时，曾说不要任何薪水和报酬，审核时发现了很多来自他自己的贴补。到处流传着华盛顿无私而英勇的故事。人们看到的是在让人头脑发晕的热情中果断离去的乔治·华盛顿。

华盛顿终于踏上归程，回到弗农山庄，过起了田园生活。

主持制定宪法

深思熟虑之后，我只想再说一句，要么通过新宪法，要么回复到无限制的无政府状态，并承受它的一切可悲后果，除此之外，别无选择，没有变更的希望，也不存在中间地带。

——华盛顿

回到弗农山庄之后几天，就是 1784 年了。马撒和家人对华盛顿的回来倍感欣慰，经过八年战火的洗礼，他终于安全地返回了故乡，这不啻为上帝对他们的最好的报答。而华盛顿也对家人和朋友报以最诚挚的热情，当年弗农山庄的主人风范很快便在他身上再现光彩。

华盛顿一边精心修复和扩建弗农山庄，扩大自己参战后一直委托弟弟去处理的田产，一边给朋友们写信、回信，邀请他们到弗农山庄来做客，和他一起感受波多马克河畔的优美田园生活。华盛顿思念他在法国的老朋友拉法耶特，在给他的信中充满诗意的语言非常具有感染力，"快乐的公民，徜徉在波多马克河畔、自家的葡萄藤和无花果树的凉荫之中"。

但是华盛顿的清闲日子并没有持续多久，前来拜访他的人越来越多，老战友、社会名流、旅行家、欧洲各地的人，等等，华盛顿一一循礼接待，似乎每天有招待不完的拜会，1785 年 6 月他在日记中写道："自退休以来，今天第一次和妻子单独用餐。"

在华盛顿的人生里，这段退伍后的时光应该是非常快乐、清闲的。

不过，华盛顿并没有沉浸在对往事的回忆中，他的心里装着年轻的美国。

1787 年 5 月，大陆会议决定再次召开全国代表会议（第一次全国代表大会因为出席人数太少而流产），讨论为联邦政府制定可以处理合众国紧急事务的宪法，以及包括西部开发等议题在内的商业问题。美国人终于将制定一部正式宪法的事务提上了日程。美国政府从 1781 年起，一直都是依据邦联条例来执行公务。华盛顿在战争期间备受大陆会议拖拉、无力、冗长之苦，曾经将其形容为"一条沙链"，无法维持秩序。战争结束后，因为联邦政府无力解决层出不穷的问题，到处发生武装反抗事件，华盛顿认为急切需要制定一部宪法，"去挽救风雨中飘摇的政府"，他这次经过审慎的思考后，以弗吉尼亚代表团团长的身份参加制宪会议。

1787 年 5 月 9 日，在对庄园事务做好安排后，华盛顿再次辞别家人去参加大陆会议。此次会议，比较以往似乎更加艰难，华盛顿对此早有预料，所以他临行前亲自带着将来要管理山庄的侄子策马走遍了整个庄园，算是彻底地委托他来进行管理。5月13日，当华盛顿抵达切斯特后，米夫林将军、诺克斯将军、韦恩将军等热烈欢迎了他的到来。在格雷渡口，骑兵们列队将昔日的总司令护送至费城。

5月14日华盛顿抵达会场时，发现此时才到了几位当地的代表。这次华盛顿亲自到场，大家还是不愿意参会，可见去年9月的会议参加者寥寥。

至5月底，除了罗德岛州以外，其他12个州的55名代表均抵达会场，麦迪逊、汉密尔顿、迪金森、莫里斯等人悉数到场，其中最有影响力的自然属华盛顿和81岁的本杰明·富兰克林。考虑到富兰克林年事已高，华盛顿责无旁贷地承担起了领导这次会议的重任。

在大会开始之前，华盛顿对代表们持怀疑态度，担心分歧会大过共同利益。经过在费城的紧密接触，他发现情况比想象的要好，因为代表们有一个共同的想法，那就是"有些事非做不可"，现在政府的基础过于薄弱，"如果不立即采取措施，必将产生无政府的混乱局面"。这激发了华盛顿的斗志，他决心以战争年代的热情来完成此次会议的任务，竭尽全力推进宪法文本的形成。

白天，他和代表们一起讨论，晚上他不辞辛劳地拜访各位代表，或者出席一些重要的聚会，以化解代表们彼此间的猜疑和敌意。对这些聚会，他在日记中做了详细的记载。通过他的协调和努力，大家越来越能够从国家的角度考虑问题，并且逐步往更加光明的方向前行。

华盛顿的信条极为简单：第一，授予联邦政府的权力并没有超出一个良好政府行使职能所不可或缺的范围；因此，在授权多少这个问题上，不应该再提出反对意见。第二，这些权力（既然所有的执政者将永远由民众自由投票产生，而且在一定时期后还要由民众自由投票决定其任免）在组成联邦政府的立法、行政和司法系统之间得以分散，只要民众仍起作用，就绝无退化成君主制、寡头政治、贵族政治或者任何其他专制或压迫制度的危险。

为了保证会议顺利进行，华盛顿在大会开始后提议通过两项决议：第一，各州不论大小，在表决时一律只有一票；第二，会议期间必须严格保守秘密，不得将会议内容外泄。华盛顿的建议

解甲归田园　第四章

171

永不言败的开国总统——华盛顿传

得到了大家的严格履行，他自己在坚决不向任何人透露，甚至连日记中也坚决不记载关于会议的任何事情。

代表们每天在费城的大陆会议议事厅里展开激烈地讨论，每天持续4—7个小时，有时甚至更长，会议一直开了四个月。华盛顿碍于自己的会议主席的身份，不轻易对各种议论发表看法，但是他的意见对大家还是产生了影响。据华盛顿的前副官约翰·劳伦斯记载，华盛顿对于每一种意见的态度都可以从他的面部表情中得到答案。每当代表们意见不一致或者发生争执时，他的面部表情凝重甚至有些焦躁不安；而代表们就某一个条款达成一致时，他又会眉飞色舞，面部充满了丰富的表情。华盛顿的脸色如此明显，以至于代表们忍不住根据这位前总司令的表情确定自己的立场。

大陆会议任命弗吉尼亚的埃德蒙·伦道夫、宾夕法尼亚的詹姆斯·威尔逊、南卡罗来纳的约翰·拉特利奇、康涅狄格的奥利佛·埃尔斯沃思、马萨诸塞的纳森尼尔·戈来姆等5人负责草拟宪法，并于8月6日拿出草案。在这个草案的基础上，大陆会议制定了一部美利坚合众国宪

172

法。新宪法将赋予政府更多的权力，包括课税、管制贸易和发行货币，等等，并将由代表人民的选举委员团选举美国总统。此外，新宪法中也规划出包含参议院和众议院的立法机构，以及司法机关的组织状况。基于各州地位平等的原则，各州选举两位参议员组成参议院；为了尊重多数人的权益，另根据各州人口数量选举众议员，组成众议院；司法机关，由总统任命的终身大法官组成最高法院。新宪法明确了三权分立的原则，由总统所领导的行政机关，和参、众两院组成的议会，以及负责司法的最高法院，彼此间互相制衡，以确保权力的均衡，避免偏颇一方，权力失衡的现象。这部具有划时代意义的宪法，至今仍在实施中。

在讨论宪法的总统条款时，曾经发生过一些颇有意思的故事。因为华盛顿的个人威望，与会代表几乎是按照他的个人品德来设定总统的权限。然而，这些代表同时又对民主共和体制保持着清醒的头脑，华盛顿个体不代表以后的继任者，现在给总统授予的权限过多，将来会带来专制的危险。当有人提议总统任期由7年改为15年时，立即有人高声挖苦道："这可真是一个好主意，最好还是 20 年，因为这是欧洲的亲王们执政的平均年限。"富兰克林建议宪法条文中保留弹劾总统条款时，慢条斯理地说道："如果不保留弹劾权，那就只能靠暗杀来摆脱一个腐化的最高行政长官了。"大家闻言哈哈大笑。

富兰克林后来对制宪会议进行了饶有趣味的回忆。制宪会议的最后一天，代表们纷纷上前签字，华盛顿是第一个签字的。81 岁高龄的富兰克林凝视着华盛顿座位后边背景上画的一轮太阳，侧头跟身边的代表说了充满浓烈情感的话："在会议期间，我对会议的结果有时充满希望，有时又忧心忡忡。我总是一次又一次地凝望着主席身后的太阳，分辨不出那轮红日究竟是在升起，还是在落山。现在我终于高兴地明白了，这是一轮喷薄东升的旭日，而不是一轮西下的夕阳。"富兰克林眼里升起的太阳，何止是华盛顿本人，更是美国这个新兴的国家。

按照会议的规定，新宪法立即呈交国会，由国会分送给 13 个州议会。各州议会又把它提交由人民推选的代表组成的州代表大会，最少得到 9 个州代表大会的批准，这部宪法方可生效。大陆会议的使命已经完成，代表们回到旅馆里一起用餐，然后依依不舍地互相告别。华盛顿也启程返回弗农山庄。

华盛顿离开弗农山庄的时候，是初夏时节，到处一片绿意盎然。他归来时已是初秋，大自然展现了它在一年里最美丽最浓烈的色彩。华盛顿久久地伫立在波多马克河边，多少岁月就这样欢快地远去了，今后，还有多少时间来凝视这永无止息的母亲河呢？

此次回归的华盛顿心情没有上次卸任大陆军总司令时的轻松，他带着难以言表的心情继续整理着自己的农庄，很少离开庄园半步。汉密尔顿、麦迪逊、杰伊、诺克斯等人持续不断地从山庄外传来信息，各种关于宪法的辩论不绝于耳。

汉密尔顿和约翰·杰伊等人联合起来为新宪法撰写了几十篇评论文章，发表在纽约的报纸上，这一系列的文章对可能出现的反对者提供了使之满意的答复，引起了巨大反响。1788 年 3 月 2 日，这些评论文章以《联邦党人文集》为名结集出版，影响了世世代代的美国人。身处弗农山庄的华盛顿冷静地听取着这一切讯息，内心对宪法会得到通过的信念坚定不移。可以说，是才华横溢的汉密尔顿，用他气势恢宏的如椽巨笔书写的篇章，保证了美国宪法在各州涉险过关，同时也将华盛顿推上了总统宝座。当年总司令麾下的上校副官，现在已成长为一名杰出的政治家，而他的舞台将在华盛顿就职后变得更加精彩，他最终奠定了美国的政治和经济制度的基础。

1788 年 6 月，新罕布什尔州议会通过了新宪法，成为第九个通过宪法的州，新宪法获得必须的第九票。美国国会在接到 9 个州的批准书以后，于 9 月 13 日通过决议，指定在 1789 年 1 月的第一个星期三由美国人民按照宪法推选总统候选人，随后在 2 月的第一个星期三由选举人开会推选总统。政府会议将于 3 月的第一个星期三在纽约举行。美国宪法正式诞生，并将依据她建立新的美国政府。

第五章
艰难赴国任

就任美国总统

我们有着几乎无边无际的领土，这片领土天然具有的农业和商业优势不亚于世界上的任何一片土地。在内政方面，我们有着无与伦比的特权，能够选择我们自己的政治机构，并能在人类经验的基础上，建立更好的联邦政府，而该政府应有的权力同自由人民不可剥夺的权利并不矛盾。

——华盛顿

通过了新宪法，美国现在最重要的事情就是选出第一任总统。那么谁有这个荣幸成为第一任美国总统呢？全美国都在关注这件事情。赋闲在弗农山庄的华盛顿好像不太关注，他强力推动了宪法的制定，但是似乎一直回避总统一职。这大概是出于对他个人荣誉的一种保护态度。然而，别人的想法他可控制不了。无论是弗农山庄的人们还是汉密尔顿等人，都将对新总统的热望寄托在华盛顿身上，那时美国为数不多的出版物和杂志都在讨论华盛顿就任总统的可能性。

1788年10月3日，华盛顿在给汉密尔顿的回信中这样说："现在——如果我不是看错了自己的话——如果选举人将选票投给了别人，使我避免陷入被迫接受或拒绝的可怕困境，我会真心地表示高兴。……如果我受到任命，并在劝说下接受了它，那也是惶恐不安，勉强为之，甚于我一生中所经历过的任何别的情况。但是，我已下定了决心，我将竭尽全力帮助促进公众福利，希望能在方便的时候，尽早被解除职务，那样就可以再次退隐，在经历了狂风骤雨的年华之后，能够在宁静的家庭生活中，平静地度过晚年。除此之外，别无他求。"

1789年2月4日，选举团根据人们的普遍愿望，一致选举华盛顿为美国第一任总统，从3月4日起，任职四年。对华盛顿而言，这不啻为第二次接受艰难的挑战。当消息传来时，他忍不住有一种"好像进入笼罩在层层阴霾中，黑暗的洪荒世界"的感受。

在国会的正式任命没有抵达之前,华盛顿开始安排庄园里的事务。欣欣向荣的弗农山庄他可以放心地交给子侄们,加上管家老威廉的辅助,所以他不担心。但是他有些放不下年过八旬的老母亲,决定出发之前去探望她,说不定以后都没有机会见面了。

这次为了告别的相聚让华盛顿母子倍感神伤。辞别母亲玛丽后,走出院子的华盛顿忍不住潜然泪下。回想母亲的一生,着实不容易,年幼丧父,成年后嫁给华盛顿的父亲,生了三个孩子,好不容易过上温暖的日子,丈夫在大儿子 10 岁时就过世了。之后她坚强地管理着老华盛顿留给她的产业,照顾着三个孩子成长,大儿子乔治最让她操心,总是想着舞刀弄枪干出一番大事业来。成年没多久,乔治便脱离她的视野,跟着别人往危机四伏的荒野里寻找建功立业的机会。后来,她知道儿子居然带头造老祖宗的反,这简直吓得玛丽魂飞魄散,为了唤回儿子,她不惜用各种借口和理由来阻止他。当然,华盛顿是无法被阻止的。时光流逝,转眼连华盛顿都老了。玛丽不关心他是不是美国的总统,这是她一生疼爱的、操心的大儿子，也已经快 60 岁了，她就想好好看看他。华盛顿不敢回头再看母亲风烛残年的样子，一回首便是百年身。再见，母亲；再见，我永远爱您。华盛顿沉默而坚毅地走着，渐渐地，玛丽的院子再也看不见了。

向母亲辞行返回弗农山庄的华盛顿一直眉头不展。妻子马撒看得清清楚楚，她轻轻地拥住华盛顿，安慰他："玛丽很坚强，她这样过了有尊严的一辈子，我们永远爱她，记住她。别忘了，弗农山庄还有我们的子孙和朋友们呢，他们会照顾她的。"华盛顿回身握了握妻子的手，马撒，也从一个风华正茂的美女变成了现在两鬓飘霜的老人，而自己也是鬓染寒霜的人了，岁月真是不饶人啊。家族的男人们多因为疾病早逝，自己也算寿命很长了，但是现在还不是享福的时候，新生的共和国有很多事情在等待着。想到这里，华盛顿忍不住心潮澎湃，他对即将到来的新生活充满了昂扬的斗志。

1789 年 4 月 14 目，国会的正式任命书到了弗农山庄。华盛顿于 16 日上午 10 点左右，偕妻子马撒离开家园，登上奔赴纽约的马车。

一路上，华盛顿所经之处皆热闹非凡，从亚

历山德里亚到巴尔的摩、再到费城，知道华盛顿要去纽约的人们纷纷策马而至，簇拥着他的马车，为他送行。纽约更是因为华盛顿的回归而疯狂了。为了迎接总统，从哈德孙河到中心大街，几近疯狂的纽约人把鲜花插满街头，让喜庆的标语到处飘扬，礼炮声、钟声此起彼落。这热烈欢迎的场面表达了人民对华盛顿的厚望。

华盛顿没有陶醉于这种让人飘飘然的无上的荣光中，他心怀畏惧、非常谨慎而清醒地审视自己。在他的日记中，记下了当时的情景以及他的心情："跟在我们后面和向我们驶来的小艇，群集如云，有些小艇上歌声嘹亮，有些小艇上弦乐四起；舰艇上张灯结彩，礼炮声隆隆作响，在我从码头旁边经过时，群众的欢呼声响彻云霄。这一切都使人感到愉快，但也使我感到痛苦（因为我想到，如果我竭尽心力还不能为人民谋到幸福，等待我的就可能是完全相反的场面）。"

抵达纽约后，就职典礼稍微推迟了几天。在这期间，国会决定称呼华盛顿为"合众国总统"，这个称号得到了华盛顿的认可，一直沿袭至今。

一切筹备就绪，美国历史上第一任总统就职仪式于 1789 年 4 月 30 日隆重举行。这一天的纽约春和景明，万象更新。早晨 9 点，各教堂钟声齐鸣，万众举行祈祷仪式，祷告上天降福于合众国政府。

中午 12 点，纽约市的部队在华盛顿的门前列队待命，不久国会成员和各部门首长都坐着马车赶到。华盛顿身着礼服，登上国会派来的专用马车，带着大家向联邦大厦驶去。就职典礼最重要的环节——宣誓就职仪式要在那里的议事厅进行。

华盛顿和军政要员们步入议事厅时，副总统亚当斯和参众两院的议员们早已恭候多时了。他们对华盛顿的到来报以热烈的掌声。华盛顿被引导到阳台上的一把华丽的椅子跟前坐下，阳台外有成千上万的群众在集会，看到华盛顿一行出现在阳台上，大家爆发出热烈的欢呼声。华盛顿走到阳台前边，以手抚胸，几度向大家鞠躬致礼，然后回到桌子边的椅子上就座。人们立即恢复了平静，凝视着华盛顿。

庄严的宣誓仪式开始了。华盛顿在一张铺着深红色天鹅绒桌布的桌子边笔直站定，那桌子上面摆放着一本装订精美的《圣经》。他的右边是约翰·亚当斯；左边是纽约州大法官罗伯特·利文斯顿，他也是此次仪式的主持人；再往后是罗杰·谢尔曼、亚历山大·汉密尔顿、诺克斯将军、圣克莱尔将军等。大法官走向华盛顿，宣布宣誓仪式开始。参议院秘书奥蒂斯举起放在衬垫上的《圣经》，华盛顿向前跨出一步接过它，弯腰轻轻地吻了一下，然后用手抚在这本摊开的《圣经》上，用庄重而清晰的声音一字一顿地宣读誓词。誓毕，华盛顿恭恭敬敬地弯下身去，再次吻了吻《圣经》。这时，大法官向前一步，宣布乔治·华盛顿正式成为美利坚合众国的总统。就在这个时刻，议事厅圆屋顶上升起一面美国国旗，与之同时而起的还有潮水般的礼炮声、钟声和欢呼声。华盛顿再次向群众鞠躬，然后转身回到议事厅，向参众两院发表就职演说。

华盛顿的就职演说本来准备了 27 页，但是经过思考和修改后，他将其浓缩为一篇极为精炼的演说。

美国人民的实验参议院和众议院的同胞们：

在人生沉浮中，没有一件事能比 14 日收到你们送达的通知更使我焦虑不安。一方面，国家召唤我出任总统一职，对于她的召唤，我只能肃然从命。但我却十分偏爱、并曾选择了退隐，我还满怀奢望，矢志不移，决心以此作为我暮年的归宿。斗转星移，我越来越感到隐退的必要和亲切，因为喜爱之余，我已经习惯；还因为岁月催人渐老，身体常感不适。另一方面，国家召唤我担负的责任如此天大而艰巨，足以使国内最有才智和经验的人度德量力；而我天资愚钝，又没有民政管理的经验，应该倍觉自己能力的不足，因此必然感到难以担此重任。怀着这种矛盾的心情，我唯一敢断言的是，通过正确理解可能产生影响的各种情况来恪尽职责，乃是我忠贞不渝的努力目标。我唯一敢祈望的是，如果我在执行这项任务时因沉溺于往事，或因由衷感到公民们对我高度的信赖，因而过分受到了影响，以致在处理从未经历过的大事时，忽视了自己的无能和消极，我的错误将会出于动机纯正而减轻，而大家在评判错误的后果时，也会适当宽恕产生这些动机的偏见。

既然这就是我在遵奉公众召唤就任现职时的感想，那么，在此宣誓就职之际，如不热情地祈求全能的上帝将是一件非常不当的事。因为上帝统治着宇宙，主宰着各国政府，它的神助能弥补人类的任何不足。愿上帝赐福，保佑一个为了美国人民的自由和幸福而组建的政府，保佑它为这些基本目的而做出奉献，保佑政治的各项行政措施在我负责之下都能成功地发挥作用。我相信，在向公众利益和私人利益的伟大缔造者献上这份崇敬时，这些话也同样表达了各位和广大公民的心声。没有人能比美国人更坚定不移地承认和崇拜掌管人类事务的上帝。他们在迈向独立国家的进程中，似乎每走一步都有某种天佑的迹象；他们在刚刚完成的联邦政府体制的重大改革中，如果不是因忠诚的感恩而得到某种回报，如果不是谦卑地期待着过去有所预示的赐福的到来，那么，通过众多截然不同的集团的平静思考和自愿赞同来完成改革，这种方式是难以同大多数政府在组建过程中所采用的方式相比的。在转折关头，我产生这些想法确实是深有所感而不能自已。我相信大家会和我怀有同感，即如果不仰仗上帝的力量，一个新生的自由政府就无法做到一开始就事事如意。

根据设立行政部门的条款，总统有责任'将他认为必要而适宜的措施提请国会审议'。但在与各位见面的这个场合，恕我不进一步讨论这个问题，而只是提一下伟大的宪法，它使各位今天欢聚一堂，它规定了各位的权限，指出了各位应该注意的目标。在这样的场合，更恰当、也更能反映我内心激情的做法不是提出具体措施，而是称颂将要规划和采纳这些措施的当选者的才能、正直和爱国心。我从这些高贵品格中看到了最可靠的保证：其一，任何地方偏见或地方感情，任何意见分歧或党派敌视，都不能使我们偏离全局观念和公平观点，即必须维护这个由不同地区和不同利益所组建的大联合政权；因此，其二，我国的政策将会以纯正不移的个人道德原则为基础，而自由政府将会以赢得民心和全世界尊敬的一切特点而显示其优越性。我对国家的一片热爱之心激励着我满怀喜悦地展望这幅远景，因为根据自然界的法则和发展趋势，在美德与幸福之间，责任与利益之间，恪守诚实宽厚的政策与获得社会繁荣幸福的硕果之间，有着密不可分的关系；因为我们应该同样相信，上帝亲自规定了永恒的秩序和权利法则，它绝不可能对无视这些法则的国家慈颜含笑；因为人们理所当然地、满怀深情地、也许是最后一次地把维护神圣的自由之火和共和制政府的命运，系于美国人所遵命进行的实践上。

除了提请各位注意的一般事务，在当前时刻，根据激烈反对共和制的各种意见的性质，或根据引起这些意见的不同程度，在必要时行使宪法第五条授予的权利究竟有多大益处，将依靠你们来加以判断和决定。在这个问题上，我无法从过去担任过的职务中找到借鉴，因此我不提具体建议，而是再一次完全信任各位对公众利益的辨别和追求；因为我相信，各位只要谨慎避免做出任何可能危及团结和政府利益的修订，或避免做出应该等待未来经验教训的修订，那么，各位对自由人特有权利的尊重和对社会安定的关注，就足以影响大家慎重考虑在何种程度上坚定不移地加强前者，并有利无弊地促进后者。

除上述意见，我还要补充一点，而且觉

得向众议院提出最恰当。这条意见与我有关，因此应当尽量讲得简短一些。我第一次荣幸地奉召为国家效劳时，正值我国为自由而艰苦奋斗之际，我对我的职责的看法要求我必须放弃任何俸禄。我从未违背过这一决定。如今，促使我做出这一同样决定的想法仍然支配着我，因此，我必须拒绝对我不相适应的任何所有个人津贴，因为这些津贴可能是列入并成为政府部门常设基金不可分割的一部分。同样，我必须恳求各位，在估算我就任的这个职位所需要的费用时，华盛顿就任美国总统可以根据我的任期以公共利益所需的实际费用为限。

我已经把有感于这一聚会的想法告诉了各位，我就要向大家告辞；在此以前，我还要再一次以谦卑的心情祈求仁慈的上帝给予扶助。因为承蒙上帝的恩赐，美国人民有了深思熟虑的机会，有了为确保联邦的安全和幸福，用前所未有的一致意见来决定政府体制的权利；既然如此，上帝将同样明显地保佑我们逐步扩大眼界，稳定地进行协商，并采取明智的措施，而这些都是本届政府取得成功所必不可缺少的依靠。

1789 年 4 月 30 日

华盛顿的演说，与现在我们看到的美国总统的就职演说时那种意气风发、志得意满完全不同。他讲话时的表情"严肃到近乎悲伤"，而且显得有些局促，声音因为紧张而略显颤抖。整篇演讲全是发自肺腑之言，深深地打动了在场所有的人。当时著名演说家费希尔·埃姆斯对这次演说致以崇高的评价，他说他好像看到了一个美德的化身正在向他未来的信徒们演说，有一种无与伦比的摄入心魄的力量。

这位带着独立战争总司令光环的总统就此步入了人生更高的阶梯，他将要面对的是一个比当时独立战争更加复杂的局面：在一个富有战斗精神的民族里，实施从来没有实施过的全新的政府体制，那些经过战争洗礼、热爱自由和独立的人们可能对他们自己建立的新政府体制的约束会感到不耐烦；而这个所谓的新政府，眼下也就只有一位总统、一个国会，十几个办事员、一个空空如也的国库和一大堆债务；这个国家幅员辽阔，西部边疆地区极为不稳，往北有英国人在控制，往南则是西班牙人的地盘，但是十三州的移民又在纷纷要求向西发展，在东部沿海的南部，也面临着类似的问题；国际环境也不容乐观，美国的船队到处被掠夺，几乎走不出大西洋的范畴，而英国的封锁和围追堵截还是禁锢其发展的一个重要障碍；如果说这些问题经过仔细谋划，还可以尽快进入解决的正轨，那么财政状况则是最严重最迫在眉睫的问题，美国的国库里不名一文，想要清偿债务，或者把债务转为公债，都不了了之，内外债交相逼迫，政府举步维艰。

华盛顿深知自己工作的难度，他说："没有哲学头脑的观察家们很难体会到处于我这种地位的人的难处，我走的是一条前人从未走过的道路，而我的所作所为却会成为后人的前车之鉴。"但是华盛顿发挥自己的创造力，他开始频繁地出入参众两院和其他人士的府邸，与他们商议建立政府的各项机构。

华盛顿先后认命了多位政府官员，把专门处理外交事务的长官命名为国务卿，由托马斯·杰斐逊担任；亚历山大·汉密尔顿则担任财政部长；亨利·诺克斯担任陆军部长；约翰·杰伊担任最高法院首任大法官；埃德蒙·伦道夫担任司法部长。这些人当中，有全力支持宪法的，也有反对宪法的，但是华盛顿并不以服从他或者宪法作为遴选人才的条件。他对官员有两个条件：一是要受到人民的欢迎和爱戴；二是要对人民有影响力，二者缺一不可。在华盛顿看来，人的品德和才能是评判这个人是否可以为政府所用的唯一标准。华盛顿用人时也摒弃了当时习以为常的任人唯亲，他的侄子布什罗德·华盛顿希望总统伯父为其安排一个检察官的职位，华盛顿坚决拒绝了。大家看到了华盛顿的大公无私，对公众利益的尊重，对美国的付出，于是连反对华盛顿组建常备军建议的亚当斯也心悦诚服地评价他是"广纳众议、又自有主见的人"，甘心情愿地辅佐华盛顿的工作。

就这样，华盛顿凭借自己的智慧和魅力，成功地将当时美国最优秀的人才吸引到自己身边，共同为建设一个新的美国出谋划策。后来的事实证明，华盛顿的这些决策是非常英明而且富有深远的意义的。

走出美国的道路

我的每一个举措都会成为先例。工作艰巨，责任重大，认识到这一点，我一方面对自己没有信心，另一方面又为公众利益深感焦虑，因为每一项新的决定都力求最佳。如果我为谋求祖国和人类的幸福，做出了不足挂齿却充满诚意的努力，我希望我的努力没有白费，这将会是我作别人世时唯一真正的宽慰。

——华盛顿

成为总统的华盛顿，基本上沿袭了在弗农山庄的习惯：敞开大门，广交四方来客。但是，现在的身份有所不同，所以很难享受到昔日招待亲朋好友的快乐。人们要么太过拘谨，要么太过刻意，而华盛顿也不得不注意着装，在公开场合，总是穿着黑绒布和丝绸的衣服，戴着黄色手套、镶钻石的膝环，有时还随身佩带一把指挥刀。

有一次，又是华盛顿招待访客的日子，他还没有进入大厅，老远就听到客人们相谈甚欢。这正是华盛顿想要的效果，于是他放慢了脚步，想要自然地加入他们。这时他的副官戴维·汉弗莱斯看到华盛顿后，立即走过来陪着华盛顿走到门口，推开大门，高声向大家通传："合众国总统到！"这一高声地通传让热闹的人群一下子静默下来，也缄默了华盛顿。

宴会结束后，华盛顿指示副官以后不可再如

此，当戴维表示这是传统时，华盛顿忍不住训斥道："传统，传统！如果我们尊重传统的话，就不应该从英国脱离出来，美国不是英国的殖民地吗！"从此以后，华盛顿的部下再也不高声通传了，华盛顿为大家赢得了比较自由自在的相处氛围。通过非工作场合的交往来解决工作中的问题，这是华盛顿一贯的做法，也是行之有效的做法。亚当斯夫人曾经公开赞许华盛顿是"礼貌周到却不失身份，和蔼可亲却非轻薄放肆；举止有度而无凌人之气；庄重威严却无冷峻之感；谦逊、睿智、善良。"

1790 年 1 月上旬，在一次比较漫长的对美国北方的视察结束后，华盛顿的四轮马车又开始频繁地出现在纽约的街头，往返于联邦大厦和住所之间。现在他要带领自己的内阁成员们一起，为开创美国的新局面努力了。

华盛顿现在最关注的是如下议题：加强国防问题，促进对外交往和削减外交人员开支问题，外国侨民归化法，美国货币和度量衡统一法，促进商业、农业和制造业问题，注意发展邮政事业和邮路问题，促进科学和文学事业的措施以及支持政府信用的措施等。

战争结束后，美国联邦政府有差不多高达几千万美元的内外债务，其中外债有 800 万元是欠法国的，另外几百万元欠的是荷兰和西班牙的，剩下的则全部是内债。由于没有一个拥有实权的最高的立法机构可以对进出口货物征收关税，从而筹集必要的资金，政府几乎无力还债。独立战争结束时，华盛顿凭借个人的信用打动将士们，使他们带着一堆承诺和形同废纸的债券不名一文地回归了故里，华盛顿一直心存愧疚。现在新政府成立，如果能够将这个问题解决，他自然很欣慰。实际上，当时的债务持有人不仅仅指那些参加革命战争的人，还包括向政府提供物资，或者让他们征用自己财产的自耕农，以及在危急时刻不惜拿自己的财产支援国家独立事业的资本家、庄园主们。从法律上而言，债务必须得到偿还，这是建立政府信用乃至国家信用的第一步。华盛顿自然清楚这其中的关系，所以他在国会上提出了要解决债务的问题，但是谨慎地不提政府信用的问题，而是将其交给了自己的得力助手汉密尔顿去发起。

1790 年 1 月 14 日，汉密尔顿向众议院提交了他的一系列计划。他认为无论内债外债，都要按照债券的面值予以偿付。2月8日在讨论汉密尔顿方案时，遭到了麦迪逊等议员的强烈反对。麦迪逊认为当初支持和参与革命的人早已把债券低价卖给投机商，现在政府全面清偿的方案会让那些真正流血牺牲的人被排除在外，所以他要求债券持有人获得部分款项，其余的款额则应该付给原持有人。在这样的修正下，汉密尔顿的计划得到国会的通过。

之后，汉密尔顿提出了要解决政府经费困难的征税方案。虽然这个方案很受华盛顿以及部分议员的赞同，但是因为触动更多人的利益，所以在国会遭到了更强烈的反对。

就在政府的财政问题处于进退维谷之境时，一直趋避在弗吉尼亚乡村的杰斐逊终于接受了华盛顿的任命，来到纽约出任新联邦政府的国务卿之职，华盛顿内阁的三驾马车终于齐全。虽然以后杰斐逊和汉密尔顿要代表美国政治发展的两个不同方向，但是这个时期的他们还是能够携手解决初创的共和国的问题。

关于征税僵局的解决，杰斐逊在回忆录中做了比较详细的记录。当他抵达纽约时，汉密尔顿已经绝望了，但又作了一次积极的努力，想通过杰斐逊的影响，使那份几乎毫无希望的方案死而复生。

"有一天，我到总统那里去，在路上遇见他（汉密尔顿）。他叫我和他一道在总统门前来回走了半个小时。他的一席话说得怪可怜的。他谈到立法机构中争论得多么激烈，那些债权州多么可厌，立法机构的各成员为什么有分离出去的危险，各州为什么有各自为政的危险。他说，内阁成员们应该一致行动；这个问题虽然不归国务院管，但这是共同的责任，应该共同关心，总统是中心，一切行政问题最后都要取决于他，因此我们大家都应该团结在他周围，共同努力支持他所赞同的措施，这个问题仅仅以几票之差失败了，因此，如果我出来呼吁我的一些朋友们采取明断和审慎的态度，大概还可以使票数有所改变，还可以使现在陷于停顿的政府机器重新开动起来。

我对他说，我对整个这个问题的确很不熟悉，我还不了解所采纳的财政制度，因此，我根本不知道为什么是一个必要的步骤，毫无疑问，如果拒绝这种财政制度就使我们的联邦有夭折的危险的话，我当然认为那是一切后果中最不幸的后果。为了防止这种最不幸的后果，一切局部的和暂时的恶果都不应在考虑之列。不过，我建议他在第二天和我一起吃饭。我愿意邀请一两个朋友，大家一块商量一下。我当时认为，通情达理的人，只要采取冷静的态度共同协商，就总是能通过相互让步，达成一项可以拯救联邦的折中办法。

后来，讨论如期举行。我没有参加讨论，而是扮演了诤友的角色，因为我不熟悉要讨论的各种情况。但是，最后大家一致同意：不管人们认为拒绝这个方案多么重要，保全联邦、保全各州的团结，更为重要。"

因为杰斐逊是共和派、自治派的代表，他能够影响汉密尔顿很难说服的那个群体，现在他们联合起来，并且对征税方案进行了折中的改造，自然涉险过关了。这次方案还带来了首都所在地的易地，早先大家一直认为纽约是首都的不二选择的，汉密尔顿在做出将首都设置在今哥伦比亚特区的让步后，才得到对方在征税方案方面的让步。国会决议，从现在开始在哥伦比亚特区修建新办公大楼，十年后将国会从费城搬迁过去。

华盛顿对国会没完没了的争吵很是痛心，"在通过以前，大家争论得十分激烈，毫无节制，

艰难赴国任 第五章

没完没了，还互相威胁。人们有理由担心，国会的尊严已经因此有所减弱，人们一度对国会怀抱的敬意也有所减少。"不过，当问题解决后，他还是更愿意用内阁的和谐更重要来安慰自己。

债务问题得到初步解决后，为了建立政府信用体系，1790年12月14日，财政部长汉密尔顿再次正式向众议院提出了建立国家银行的计划。这个计划从现在的眼光来看，不啻为一个天才般的创举。与汉密尔顿同时代的美国教育家诺亚·韦伯斯特形容说："汉密尔顿创建的金融体系，是美国繁荣富强的神奇密码……他那不可思议的大脑灵机一动，整个美国金融体系就应运而生。"当我们回顾汉密尔顿的人生经历时，其实很难发现与经济学有关的部分。这个来自西印度群岛的年轻人从军中被华盛顿慧眼相中后，一直跟随着华盛顿。汉密尔顿从华盛顿身上学到了许多不可多得的宝贵经验和优秀品质，这些与他自己的天赋结合，成就了美国历史上最伟大的财政部长、当前美国经济制度的奠基人。人们实在很难理解汉密尔顿的经历和成就之间的关系，因此一直有人怀疑他背后另有高人，甚至猜测他是一个"穿越者"。

但是，汉密尔顿的这个计划惹起了很多非议。这次最大的反对者就是和华盛顿来自同一个州的杰斐逊、麦迪逊等人。杰斐逊一派坚称建立国家银行是违背宪法的，认为宪法没有赋予国会建立法人社团的权力；赞成汉密尔顿提案的一派则认为，在宪法赋予国会筹措经费的权力中已经包含了这样的权力。经过激辩后，众议院在1791年2月8日以39票对20票的多数，通过了财政部关于建立国家银行的法案。

现在，国会将法案送到了总统的办公桌上。华盛顿面对这份只要他签字后就可以生效的法案，陷入了沉思。汉密尔顿和杰斐逊这些美国的优秀人才，在关于是否要增强联邦的力量方面越来越针锋相对，他不得不从他们的争论中理清真正有利于社会的思路来，然后用于治国。

华盛顿首先约见了杰斐逊派系的麦迪逊，进一步了解他们的想法。然后，他请汉密尔顿和杰斐逊以及其他人员分别向他提交书面报告。华盛顿不认为自己具有足够的才能去解决所有问题，但是他有一个越来越明显的长处，那就是知人善用，善于听取别人的意见。

显然，汉密尔顿的书面报告比杰斐逊等人的

更合华盛顿的想法。汉密尔顿在报告中指出，如果按照杰斐逊的做法，刚刚建立的联邦政府的权力就会重新让位于州政府的权力，地方保护势力会再次抬头，美国就有可能退回到宪法成立以前的无中央政府状态——而这会导致刚刚成立的美国陷入分崩离析状态。经过仔细的研究和判断，再结合其他人的意见，华盛顿采纳了汉密尔顿的提议。

　　但是杰斐逊却理解不了华盛顿的观点。他认定华盛顿并不了解汉密尔顿的方案会把美国带上腐败、专制的方向，只是因为信任这个人而同意这个方案，所以他和麦迪逊、伦道夫这些来自弗吉尼亚的议员们以最大的精力和汉密尔顿斗法。用杰斐逊自己的话来说，他每天和汉密尔顿在国会里斗得像两只公鸡一样，杰斐逊有段时间尤其懊恼，因为他觉得 1790 年 6 月里和汉密尔顿的那次一起散步，汉密尔顿"装出"一副可怜巴巴的样子是在博取他的同情，以致他帮汉密尔顿一起通过了征税方案，想起那时"自己是非常愚蠢、也非常无辜地替他人火中取栗"，这使杰斐逊怒不可遏。本来立场就有偏差，现在还有误会，杰斐逊对汉密尔顿失去了起码的判断力，自然有时还会殃及总统。

其实华盛顿从来就不是一个没有判断力的人。按照宪法赋予总统的权力，他完全可以只用持相同观点的官员，但是他没有这样做，而是小心地而不带偏见地将两派的观点中对美国有利的部分集中起来，让他们共同为美国人民造福。一位现代的政治家对华盛顿的这种做法有过恰如其分的评价："用后世的术语来说，他并不想建立单一内阁。他不想压制别人的意见，也不希望别人隐瞒自己的意见。他对别人的过人的才干毫无卑鄙的嫉妒之心。他把当代最伟大的政治家团结在自己的周围，其中有些人如果列入一切时代的最伟大的政治家之林，也毫无愧色。他没有让杰斐逊和汉密尔顿跑到内阁外面去互相激烈地斗争和冲突，以致动摇整个政府大厦，而是把他们关在内阁里面，以便在他们发生争执时随时亲自加以仲裁，在他们提出建议时，随时加以采纳，使之造福于国家。"

这里我们不预备将汉密尔顿的财政计划详细地向大家展开，但是我们可以大略看看这项政策实施后的效果。1791 年 7 月 4 日，在美国独立纪念日这天，国家银行的股票上市，数小时内股票被抢购一空。国家银行建立后，国内纸币开始发行流通，促进了商品市场的发展，活跃了经济生活，银行贷款支持了企业的资本积累。与之相关的是，汉密尔顿所构建的"国家信用"体系，在美国从北美东海岸的松散联邦走向世界帝国的过程中，提供了诸多的助力，最终成就了至今仍不可动摇的美元体系。恰如汉密尔顿所指出的："一个国家的信用必须是一个完美的整体。各个部分之间必须有着最精巧的配合和协调，就像一棵枝繁叶茂的参天大树一样，一根树枝受到伤害，整棵大树就将衰败、枯萎和腐烂。"

内政问题是让人头疼，但是当视野转向对外关系时，华盛顿终于松了一口气，这时的外交关系实际上就是对英和对法关系。在这个方面，华盛顿早有明确的观点——坚持独立自主，尽量避免卷入欧洲的争端。英、法两国现在是死对头，华盛顿决定不能轻易倒向任何一方。

1789 年 7 月 4 日，法国爆发了大革命，巴黎人民攻占了巴士底狱。1790 年，曾经热情帮助美国独立战争的拉法耶特，担任了国民自卫军司令，被人们尊称为"两个半球"（欧洲与北美洲）的英雄。他为了表达对华盛顿崇高的尊敬和爱戴，给华盛顿寄去一件珍贵礼物——开启巴士底狱大门的钥匙。华盛顿把这把钥匙挂在自己在弗农山庄的住所里，奇妙的是他也把路易十六的雕像摆在一起。法国波旁王朝被推翻后，美国很快承认了法国革命政府。这一切都说明，华盛顿与拉法耶特的私人关系是真诚的，他对法国怀有感恩和热爱之情。

后来法国大革命失败的消息传到美国，拉法耶特身陷囹圄被关押在奥地利，华盛顿焦急万分，但是无力向奥地利提出释放拉法耶特，只得在经济上资助拉法耶特的家人。

在美国，像华盛顿这样热爱和感激法国的大有人在，包括杰斐逊他们。

与此同时，英国在隔岸看美国的这群"叛徒"和"乡巴佬"怎么闹笑话，甚至随时准备杀回去，在此情况下，华盛顿决定将调整同英国的关系作为外交的重点。汉密尔顿是坚定的和英派，他不希望在美国的发展道路上始终横亘着英国这道障碍，而亲法派的杰斐逊虽然极力拥护法国的大革命，但是为了美国的发展，他也不会反对美国与英国建立和谐的外交关系。举国上下形成了共同认知：希望消除美英之间的敌对情绪，

第五章 艰难赴国任

缓和气氛，发展经济联系而防止出现麻烦。

1790 年，受华盛顿委派，莫里斯作为非正式外交人员抵达英国，要求英国全面执行和平条约，并试探谈判通商条款。双方的关系开始解冻，僵局逐渐打破，终于实现了邦交正常化。这为美国赢得了宝贵的、缓和的国际环境。

获得各项新政支持的美国很快发展起来，全国各地到处一片欣欣向荣的景象。华盛顿在南卡罗来纳州州长查尔斯·平克尼的邀请下，游历了南方各州。华盛顿在这次游历中走过了 1800 多英里的地方，亲眼看到了全国各地的情况，真实地了解到人民的意愿。华盛顿的南行，明白无误地向国人显示，联邦政府是统一国家的最高的行政机构，加强了联邦政府在人民心中的地位，提高了政府的威望。

秋天，因为老管家威廉过世，悲痛的华盛顿与马撒回弗农山庄去最后一次看他。利用这个和家人远离政治纷争地生活的几个星期的时间，华盛顿一边享受乡村生活的乐趣，并指导他的新管家罗伯特·刘易斯先生管理庄园。大概是因为弗农山庄美好生活的刺激，考虑到国会里那争执不休的两派，华盛顿萌生了退出政治舞台的想法。

艰难的连任

> 我真诚地希望所有的伤口都抹上止痛的药膏，以防止它们坏疽。如果不用药膏而导致致命后果，整个社会都将受害。联邦的朋友都希望事态变好。而联邦的敌人却希望它四分五裂，而他们将会大大失望。我希望一切都会顺利。
>
> ——华盛顿

按照宪法的规定，四年一届的美国总统任期即将届满。华盛顿决心任期届满就退出政坛，摆脱政治重担，回弗农山庄度过余生。南部巡视让他稍微恢复了一些健康，但是一回到费城就要面临无休止的争辩和抗议，这让他烦不胜烦。所以，任期快结束时，他向杰斐逊、汉密尔顿、麦迪逊等人都表示了想要隐退、重归故里的愿望。

让人诧异的是，杰斐逊代表的共和派和汉密尔顿代表的联邦派表现出了一致性，他们均反对华盛顿卸任，希望华盛顿连任总统。为了说服他，双方轮流给华盛顿写信或者面见华盛顿，劝他不要放弃祖国交给他的责任。

考虑到还没有合适的继任者，华盛顿同意竞选连任。1792 年，华盛顿再次高票当选为美国总统，开始了他艰难的第二个任期。与第一任期开始时举国团结一致、内阁协调共事相比，华盛顿此次面临的是一个派系已成、矛盾丛生的内阁，一个更加复杂的国际环境。华盛顿犹如置身于一座裂缝四现的舞台之上，稍有不慎便可能导致国家四分五裂。

1791年夏天，杰斐逊和麦迪逊一道去纽约旅行。其间遇到麦迪逊早年的朋友弗雷诺，杰斐逊邀请弗雷诺担当《国民报》的记者。这是一个铁杆的共和派，拼命为自己的派系摇旗呐喊，甚至不惜诋毁无辜的人。1793年2月22日，华盛顿61岁寿辰那天，费城各界人士前往总统住所为他庆祝生日。弗雷诺以此为导火索，攻击这个庆祝仪式，认为这是臣民对君主的效忠仪式，是在树立破坏自由的偶像。弗雷诺在文中说生日庆祝会是"不平等的自然产物，是由建立在辅修没落的基础上的贵族制和君主制孕育出来的"，文末还别有用心地号召，"珍惜自由的美国人民绝不可以使某些人的野心得逞，无论他对这个国家曾立下多大的功劳"。这篇文章让非常重视个人名誉的华盛顿很痛苦，他清楚地看到，这篇文章背后盘根错节的势力在张牙舞爪地向他和联邦派示威。

1793 年 3 月 4 日，应华盛顿的要求，他独自乘坐自己的四轮马车来到参议院议事厅，当众宣誓就职，在场的有内阁要员、外国使节以及部分议员。看到如此寥落的景象，他心情更加抑郁，向美国人民发表了历史上最简短的一次就职演说后，就以最快的速度不引人注目地回到了总统官邸。

与第一次就任总统后的小心谨慎、雄心勃勃相比，此次连任让华盛顿觉得灰心失望，四个月后当他写信给友人谈到这次就任时，还略有不满地说："如果他们在此期间进而将我称为他们的奴仆，我也没有什么异议。"

工作一旦开始，复杂的局势不容华盛顿稍有疏忽，他立即表现出了自己的理智和耐性。

1793 年 4 月初，继路易十六被革命派处死后，传来了法国向英国开战的消息。一时间，美国人群情激奋，许多头脑发热的人恨不得立即开往法国，有人甚至准备派出一些美国商船在战争中充当私掠船，而有些人居然已经开始改造商船了。

这时，华盛顿坚定地站了出来，及时地阻止

了人们日益疯狂的举动。他首先就美国人是否应该参战的问题给亲法的杰斐逊写了一封信，信中写道："英法既已实际开战，我国政府应该努力严守中立，千方百计防止我国公民把我们卷入旋涡，站在其中任何一方。"接着他召开内阁会议，制定了行政部门的总的行动方案。"禁止美国公民参加海上的任何战斗，警告他们不得把现代国际惯例视为违禁品的任何物品运给交战国，并禁止他们采取同一个友好国家对交战国的职责不相符合的任何行为和步骤，大家还一致决定，如果法兰西共和国派遣使者到美国来，应当给予接待。"

时任国务卿的杰斐逊是亲法派的领袖，他坚称美国应当全力支持法国新政府的革命立场。而以汉密尔顿为代表的联邦一派持完全不同的观点，英法两国一直在全世界争斗，美国应该在双方之间严守中立立场。杰斐逊共和派反驳说，严守中立实际上就是无视当年法国的恩惠，甚至在帮英国人的忙。联邦派质问共和派，现在的美国到底有多大的能力置本国人民于不顾而去参加英法缠斗？双方在国会里开始了一轮又一轮的争执。这一次，华盛顿还是坚定地站在联邦派一边，坚决阻止美国出兵。因为他的一力承担，头脑发热的人们将愤怒和谩骂的火焰全部喷向了总统。为了美国的利益，华盛顿咬牙忍受下来了，将中立政策坚持到底。

就在华盛顿艰难地坚持中立政策时，汉密尔顿终因承受不了太多来自共和派的压力，向华盛顿提出辞呈。汉密尔顿从新泽西的战役中崭露头角到现在成为华盛顿的亲密战友，走过了漫长而艰难的岁月。华盛顿难以想象没有汉密尔顿的内阁会变成什么样子。然而，祸不单行，就在这时，杰斐逊也提出了辞职。

当我们翻开美国历史时，或许会为杰斐逊在《独立宣言》中的智慧而佩服，也许会钦佩他后来作为第三任美国总统时从法国购买了路易斯安那地区之举，也许还会为他毕生追求自由平等的制度、发自内心地热爱美国而感动，但是他在美国立国之初对汉密尔顿和华盛顿、对当时明明对美国更加有意义的联邦派的口诛笔伐的确令人费解。

约翰·亚当斯一直以来也视华盛顿为对手，但是当他作为副总统和华盛顿共事几年之后，忍不住深深地为华盛顿的品德和能力折服，在这个时期，他亲眼看着华盛顿在杰斐逊、麦迪逊他们的步步相逼下日益憔悴。

当杰斐逊提出辞呈后，华盛顿顾不上去安慰同样准备离开的汉密尔顿，而是忧心忡忡地赶到杰斐逊在弗吉尼亚乡村的别墅，前去拜会杰斐逊，请求他留任。杰斐逊并没有看到白发苍苍的总统日渐衰老的神情，他借此机会，向华盛顿大倒对汉密尔顿的苦水。

"我现在在国务卿这个位置上是很让我不自在的事情，因为我知道有特别仇视我的人就在我的对面，死死地盯着我。他是有钱的贵族，也是同英国有密切联系的商人，还拥有大量新制造的纸币，到处都是他的人，我的话被人抓住，被人添枝加叶，加以曲解，甚至加以捏造，散布到国外去，以致损害到我的声誉。"杰斐逊愤愤不平地向华盛顿抱怨汉密尔顿，他几乎忘了自己眼前的人是美利坚总统、曾经的大陆军总司令，也忘记了总统所代表的联邦派已经为这个国家做出了巨大的贡献，当然他更不在意汉密尔顿等曾经在英军的炮火中出生入死地为美国独立而战。

华盛顿几次想要发表意见，都被杰斐逊滔滔不绝的话头挡住了。

"我和汉密尔顿先生之间的分歧非常令人不快。至于共和派，我敢保证我们没有一个人想要反对现行的政治体制的意图，下届国会也不会这样。"杰斐逊继续尖锐地说道。

华盛顿看着杰斐逊，这个比他小 11 岁的弗吉尼亚绅士，在说起与自己不同政见的人时竟然持有那样激烈的情感，他出现了短暂的困惑。眼见杰斐逊难得地停了下来，华盛顿向他点点头，说："我相信共和派的意图是完全纯正的。但是，在人们把一部机器开动起来以后，他们就不可能使机器恰好在他们所选择的地方停下来，也不可能指出机器要在什么地方停下来。我们现有的体制是一种极好的体制，如果我们能够使它保持现有的面貌的话。"

华盛顿想到杰斐逊等人一直抗议和担心的问题，斟酌了一下后，接着说："至于阁下担心的有一个派系要将现有的政体改为君主政体，那么请您放心，我比合众国任何一个人都更坚决地反对这种改变……"

没想到的是，杰斐逊闻言居然喊道："合众国任何一个有理性的人都不怀疑你有任何其他意图。但是，每一星期，我们都可以证明君主派在

211

不断发表谰言，说什么我们的政体毫无用处，完全是一种一推就倒的脆弱玩意，说什么必须把它推倒，重新建立一个更有生气的政体。"

华盛顿说："如果真是这种情况，那就证明他们神智失常。因为在联邦境内，共和精神已经深入人心，十分明显，谁要是想铲除它，都是一件咄咄怪事。"

这次会谈之后，华盛顿和杰斐逊又进行几次诸如此类的谈话，为了挽留杰斐逊，华盛顿几乎做出了最大程度的努力，终于换来了杰斐逊同意任职到第二年1月份。

然而，亲法派却对华盛顿越来越难以容忍。他们认为华盛顿代表的联邦派处处在与他们为难，各路人马开始用最恶毒的话语来攻击华盛顿"政治伪君子""政治老糊涂"。还有人直接对他进行人身攻击，污蔑他一贯透支薪金、挪用公款，嘲笑他戴着一副劣质的假牙等等，不一而足。

1794年1月9日，约翰·亚当斯在给妻子的信里说："今晚的消息是，法国王后辞别人世。杀人不眨眼的野蛮人什么时候就杀够了呢？欧洲没有和平的希望了，因此，美国也没有实现内部和谐的希望了。我们已经穷于应付欧洲，穷于应付印第安人，穷于应付北非沿岸的海盗，形势是再糟糕不过了。近半个大陆一直在不断地和另外一半大陆相对抗。身负重任的总统的处境是非常狼狈的。"亚当斯在信里还谈到了华盛顿在密室中和他单独进行了谈话。通过这次谈话，他深切了解到，总统真诚地希望把事情办好，专心致志地想找到解决问题的正确办法，而且对于他们在世界各地的事务胸有成竹，了如指掌。但是，看看亲法派们的做法，亚当斯义愤填膺地说："照我看来，反联邦派和亲法派现在可干的事也只能是诋毁他的人格，破坏他的安宁，损害他的健康。他坚定地面对他们的一切攻击，他的健康状况看来也是很不好的。"

实际上，亚当斯看到的只是华盛顿的一部分，曾经无比坚定的他已经在离任期结束还有一年多的时间里草拟了告别演说。

就在华盛顿备受诟病的时候，傲慢而无礼的法国公使吉纳公然在美国南卡罗来纳州招募士兵，颁发法国勋章，准备从美国组织一支武装部队开赴前线。

美国人当然不能容忍这种外国人无视美国政府的行为，南卡罗来纳州州长莫尔特里向国会和华盛顿反映这个情况，华盛顿非常生气，他立即召开内阁会议处理吉纳问题。但是吉纳变本加厉，甚至筹划了多起示威活动，抗议华盛顿的中立政策。对美国民情过度乐观的吉纳无视美国人的愤怒，在一封寄给巴黎友人的信中写道："老迈的华盛顿受不了我的成功。"嚣张的吉纳和甚嚣尘上的亲法派的气焰终于在一场华盛顿和吉纳见面会后结束了，华盛顿严正告诉吉纳，他在美国的言行令人无法容忍，吉纳却对美利坚总统的话浑然不在意。亲眼看见吉纳行径的杰斐逊也无法接受这位外国公使了，他赞同国会的决议，认为美国应当要求法国召回吉纳。

1794 年 2 月 23 日，杰斐逊按照他约定的时间离开了国务卿的职位。在卸任之前，杰斐逊向国会提交了一份关于美国与各国贸易情况的综合报告，并且严词拒绝了吉纳提交的一份对华盛顿执政指手画脚的文件。看清了吉纳面目的杰斐逊在给吉纳的回信中有这样一段话："您作为外国使节，其职能仅限于与美国最高行政长官处理美国与贵国的事务，至于我国行政与立法两机构间的沟通交流，并非您可插手过问之事，总统需根据自己的职责和公众的利益来判断，哪些事需要他提交国会审议。故将您有待散发的文件副本奉还给您，最谦恭的仆人向您致以真诚的敬意。"

杰斐逊以这样的方式离开了华盛顿内阁，他虽然怀疑过联邦派甚至依然不信任联邦派，但是他对美国利益的维护、不为私情左右自己立场的无私品格让他赢得了美国历史的尊重。华盛顿对杰斐逊的离任非常难以割舍，内阁的三驾马车，只剩下了飘摇的车架子，汉密尔顿已经离职，准备回纽约重操律师旧业去了。这时，华盛顿提议司法部长埃德蒙·伦道夫继任国务卿，将内阁继续维持下去。

一波未平一波又起，就在此时，英国罔顾美国的中立立场，向本国的巡洋舰队发出补充指示，要求把一切载有任何法国殖民地的物产，或载有向任何法国殖民地运送的物品的商船，都加以扣留，然后连同货物一起押送到英国港口，交英国海军法庭审判。此命令一发布，劫持美国商船的事件时有发生，美国群众义愤填膺地认为，这些事件说明英国坚决与美国为敌。各地纷纷举行集会，讨论英国的抢劫问题。"和平还是战争"成为人人关心的问题。亲法派又占了上风，他们到处煽风点火，鼓动人们的好战情绪。

华盛顿再次表现出了他的坚定性，他并没有掉入亲法派的舆论旋涡里。他主张与英国通过谈判来公平地处理争端，以免双方再次陷入可怕的战争中。实际上，那时派驻伦敦的大使平克尼先生从伦敦发回消息，说英国内阁向各武装舰艇的舰长发布命令，不得侵扰美国商船，而去年 11 月份的严令，也并不是针对美国的。内阁会议对平克尼反馈回来的信息比较满意，华盛顿认为，如果再派出一名政府特使出使英国是最明智的做法，但是这名特使必须了解美国现实的情绪和感情，坚定不移地为美国人民辩护，并真心实意地播下和平的种子。华盛顿这次的提议得到了杰斐逊的赞同，他希望通过和平方式解决英美之间的争端。

汉密尔顿自然是坚持与英国进行和平谈判，他始终认为，"一个民族对自己估计过高和对自己估计过低同样是一个重大错误。骄横自大和胆小怕事同样是重大缺陷。我们对自己估计过高，对英国估计过低，这是我们的错误。我们忘记了我们可以给别人找的麻烦是多么小，而别人给我们找的麻烦又可以是多么大。"他这样的言论也见诸公开的报章，但是既然战争叫嚣可以当作煽

216

动群众的手段，已经尝到甜头的某些人怎么可能轻易放弃这种手段呢。借用几十年后的美国传记作家欧文·华盛顿的说法，"岌岌乎不可终日的亲法派看出群众都有好战的情绪，因此，报纸和民主协会就千方百计地煽动这种情绪。按照他们的说法，这场危机不是要求采取稳健方针，而是要求坚决果断，拿出魄力来。此外，恪守中立立场——这就是胆小怕事、懦弱无能的明证！"

好在华盛顿已经习惯了各种杂音和聒噪，并不拿这些当回事。受汉密尔顿的推荐，约翰·杰伊在这个关键时刻走了出来，勇敢地承担了出使英国的任务。同时，美国还派出詹姆斯·门罗接替莫里斯担任驻法公使。莫里斯是华盛顿多年的好友，当年作为宾夕法尼亚的州长时，莫里斯对独立战争做出过巨大的贡献，他回国后，华盛顿对他致以高度的敬意。

现在，各种纷繁芜杂的事情总算告一个段落，美国的农业取得了越来越好的收成，人民也积累了越来越多的财富。虽然西北边疆地带爆发了一些小规模的暴动，但是政府很快将其平息了；哪怕亲法派依然瞪着火眼金睛，盯着华盛顿的一举一动，现在华盛顿可以比较安心地等候杰伊的消息了。

杰伊在 1794 年 8 月 5 日的一封信中秘密地向华盛顿汇报，英国内阁准备按照公正而宽厚的条件解决各项争端，可是，在将来详细讨论时，这些所谓公正而宽厚的条件究竟是什么样的条件，谁也无法预测。收到密报后，华盛顿觉得杰伊的工作成效还是不错的，因为面对英国，谁也不敢希望此次谈判获得完全的成功，能够有这样的"互相让步"的局面已经不错了。

杰伊继续在英国展开谈判。1795 年 3 月，华盛顿收到了杰伊谈妥的、经由两国公使签字的条约，随同条约而至的，还有杰伊的致总统的亲笔信，信里坦诚地表达了此次谈判的艰难，以及华盛顿个人的威望对此次谈判的作用，这位前首席大法官、现在缺席被选为纽约州州长的杰伊说，"要争取更好的条件是不可能了。我也应该坦率地告诉您，对方对您个人品德的信任在整个谈判过程中都是显而易见的，而且起了很大作用。"

这是华盛顿等候已久的一项成果，他立即仔细研究这个条约。华盛顿对有些条款很满意，对有些则不满意，但是总的来说，对美国利多于弊，所以他认同了杰伊辛辛苦苦得来的成果。现在，他需要将其交给参议院审查，只要参议院通过，他就可以签字了。

让华盛顿想不到的是，此后《杰伊条约》的通过引发了长达几年的抗议和示威活动。因为担心引起不必要的争论，华盛顿一直对这份条约的内容秘而不宣，然而当其提交到参议院时，有些愤怒的议员竟然向不知情的民众宣布了相关内容，本来就比较激动的民情似乎一下子沸腾了。在波士顿的一面墙上，有人用粉笔写道："约翰·杰伊该死，不诅咒约翰·杰伊的人该死，不彻夜诅咒约翰·杰伊的人都该死！"

在参议院里，议员们就条约展开了激烈的争论。这次，华盛顿再次静坐一旁，看他们争吵。从第二任总统任期以来，每次参议院的会议都是在争吵中度过的，月复一月，年复一年，当初带领大陆军士兵在新泽西的冬季营地里饥寒交迫地度日时，也没有这般痛苦。那么艰难的战争岁月都熬过去了，现在却要天天日日地看这群议员们无休止地讨论和扯皮……

华盛顿叹了口气，然后将身体坐正一些。因为之前已经向大会表明，他不会与参议院的意见背道而驰，所以议员们在秘密状态下对杰伊条约的争论似乎比任何时候都激烈。最后，或许大家不是就商业条款进行讨论，而是从发言者的派系来确定到底是赞同还是反对。6月24日，参议院以20票对10票的优势通过了这一条约，但是规定第12条暂不执行，要求总统就这一条款与英国方面"进一步友好协商"。之后围绕条约发生了更多让华盛顿难以忍受的事件，在汉密尔顿等人的支持下，8月18日，华盛顿终于坚定地签署了《杰伊条约》，同时知会英国方面，要修改第12条。华盛顿于8月22日在给友人的信中写道："我的政策向来是，而且只要我执政一天，将来也仍然是，同地球上的一切国家保持友好关系，但也不受任何国家的支配而保持独立；不参与任何国家的争端，除非为了自我尊严和国格所不可或缺的正义，我们决不卷入战争……"

一场旷日持久的参议院争论就此暂告一个段落。1796年2月，英王批准了经美国参议院修改的《杰伊条约》，华盛顿也在2月底宣布该条约成为美国的法律。然而，一个"前所未有的重要时刻"还在后面等着支持《杰伊条约》的人，尤其是华盛顿，众议院反对派对于总统不经众议院表决便发布这个公告极为不满。3月，众议院要求华盛顿交出有关杰伊条约的全部文件和命令，从而确认众议院的意见对条约是必不可少的。

华盛顿明白众议院索取这些文件是不合宪法的。"这些不可理喻的人，上帝会原谅他们的"。华盛顿觉得简直无法忍受了，但是他还是考虑着怎么应对他们才会招致最小的恶果。在各部部长和司法部长的协助下，他起草了一份文件，并送交众议院，来答复众议院的请求。在这份文件中，他详细说明了在对外谈判中小心审慎和严格保密的必要性，指出这是之所以要把在参议院的建议和同意下缔结条约的权力赋予总统的一个有力理由。而参议院正是根据这项原则建立起来的，因此只由少数成员组成。他说，如果承认众议院有权索取和获得一切同对外谈判有关的文件，那就会树立一个危险的先例。他又说："我想不出，众议院要求查阅文件，除弹劾外，同众议院职权范围内的任何目的可以有什么关系，而决议案并没有表示要弹劾。我无意压扣我的职责允许透露或公众的利益要求透露的任何材料。事实上，在把条约本文送交参议院考虑和提出建议的时候，就已经把一切同对英谈判有关的文件送交参议院了。"在文件的末尾，华盛顿有理有据地表示："为了在这一事件的一切情况下都对宪法和我的职责表示理所应当的尊重，我不能答应你们的请求。"

1796 年 6 月，国会以微弱的优势通过了这项条约，美国的外交政策从此坚定地走上了中立道路。1796 年美国和西班牙签署关于美国有权使用密西西比河的协定，同时获得自由使用新奥尔良港口的权利。此外，韦恩将军在俄亥俄谷中打败印第安部落联军，占据了西北疆域的广大土地。佛蒙特州、肯塔基州和田纳西州等三州加入联邦之中，全国一片繁荣的景象。眼见美国人民生活得越来越幸福、自足，联邦政府也运行无虞，厌倦了各种纷争的华盛顿终于下决心离开政坛了。

1796 年 7 月，华盛顿准备向国会发表告别演说。这份演说其实他很早就准备好了。演说稿写好后，他按照老习惯，将原稿寄给了在纽约汉密尔顿，这时汉密尔顿已经是当地的知名律师。他对华盛顿永远有一种超乎上下级关系的尊敬和热爱，所以当他第一个读到这份演说后，内心大受震动。独立战争时期戎马倥偬的岁月，作为华盛顿内阁的核心成员一起为美国制定宪法、推广国家信用制度时激情飞扬的岁月，忍受亲法派政客和不明真相社会人士攻击的艰难岁月，一起涌上了心头，这个看似洒脱不羁、狂放豁达实则内心敏感的前财政部长忍不住流下了激动的热泪。

汉密尔顿立即开始准备帮助华盛顿修改和润色这份演说稿。他发挥当年撰写《联邦党人文集》的热情，用铅笔仔细地修改这份书稿，每当有分歧时，汉密尔顿便向华盛顿写信，向他请教然后才酌情修改。两个月后，华盛顿收到了汉密尔顿寄回的原稿和修改稿，这一次汉密尔顿仍然没让他失望。演说还是华盛顿的演说，观点也是华盛顿的观点，但是语言和情感的表达都比他之前那种质朴无华的风格要卓越许多。华盛顿比任何人都了解这个他亲手提拔上来的汉密尔顿，虽然他容易情感激动，以至于他不太适合走到总统的位置上，但是将来美国人民会永远记住他。

1796年9月19日，华盛顿向国会发布了传诵至今的告别演说。这里，我们向大家呈现其中的一部分。

朋友们，同胞们：

重新选举一位公民来管理美国政府，已为期不远，你们必须考虑任命一位能够委以重任的人的时刻已经到来。我觉得现在就将谢绝把我置于候选人之列的决心告诉你们是合适的，尤其是因为这可能有助于公众更为明确地表达他们的声音。

当我盼望结束政治生涯之际，情不自禁要对我深爱的祖国表示深切的谢意。我感谢祖国授予了我许多荣誉，并以坚定不移的信任支持我，使我有机会通过始终不渝的工作，来表达我对祖国的神圣感情，虽然有时会事与愿违。如果我的服务有益于我的祖国，请大家永远记住：当各方面激起的热情易于将我们引入歧途时，当局势捉摸不定而命运的千变万化又令人泄气时，当因失利而备受责难时，你们坚定不移的支持就是继续努力的主要支柱，也是为了使得努力获得成效而制定的各项计划的保证，这才是你们应赞扬的，并应视之为有教育意义的事例而载入史册。对此种支持我深有感触，永远也不会忘记，并用它来激励我不停地为你们祝福：愿上天继续把它的仁慈赐给你们，愿你们的联邦和兄弟情谊万古长存，愿你们亲手制定的自由宪法将神圣地保持下去，愿每个部门的工作将显示出智慧与道德。

也许我的讲话应该到此为止。但我对你们福祉的关注，生命不息，此种关注不止。由关注而必将产生的对危险的担心，促使我在此场合向你们提出一些看法，供你们郑重考虑，并建议你们经常回顾。这些看法是经过多次思考和大量观察后产生的。我认为，这些看法对你们作为一个民族的永久幸福十分重要。我将直言不讳，你们从中可以看到一个行将告别的朋友的无私的忠告，他提出的意见不可能因任何个人动机而失之偏颇。我也不会忘记，在以前一个相同的场合，你们曾宽容地接受了我的意见，这将鼓励我毫无保留地说出自己的观点。

国家的联合使你们统一为一个民族，它对你们弥足珍贵，这确实如此，因为它是你们真正独立大厦的主要支柱，维护着国内的安宁与国外的和平，保障着你们的安全和繁荣，以及你们珍视的自由。但是不难预见，总是会有人以种种理由从各个方面，煞费苦心、不择手段地来动摇你们心中对这一真理的信念。由于它是你们政治堡垒中要害所在，国内外敌人便会持续并不遗余力地（虽然往往是鬼鬼祟祟，阴险狡诈地）攻击它。因此，极为重要的是，你们应该正确地估计国家的团结对你们集体和个人幸福的巨大价值，你们应该对它怀有真诚的，自然的以及坚贞不渝的感情，要习惯于像对待政治安全与繁荣的守护神那样想到它或谈到它，要小心翼翼地保护它，要驳斥一切抛弃它的想法，即使对它抱有丝毫怀疑亦不允许，要义正词严地反对可能分裂国家的任何企图。

要使你们的联邦卓有成效并永存下去，一个共同的政府是必不可少的。各地之间的联合，无论多么紧密，都不可能完美无缺地取代它。那种联合不可避免地将会遭遇到各个时代所有联合已经经历过的种种破坏和干扰。由于认识了这一重要的真理，你们已在初次尝试的基础上有所改进。通过了一部宪法，由于考虑更加周全，该宪法对结成亲密无间的联邦以及对有效地处理你们共同关心的事务来说，比你们前一部宪法好。这个政府，是我们自己的选择，不受外界的影响与威胁，是经过全面调查和深思熟虑之后选定的，它的各项原则以及它的权力分配完全是自由的。这个政府既安全又充满活力，并且本身就包含了对自己随时进行修正的规定，这样的政府是有权要求得到你们的信任和支持的。尊重它的权威，遵守它的法律，默认它的一切措施，是真正自由的基本准则所赋予你们的义务。我国政治制度的基础是人民有制定和更改政府各项法规的权利。但是宪法无时不在，遵守宪法是我们大家应尽的神圣的义务，修宪只有在全体人民通过明确而且正式的法令才可以进行。人民有权力和权利建立政府的这一思想，是以每个人有责任服从已建立的政府为先决条件的。

为了维护你们的政府以及永远保持你们目前的幸福，你们不仅必须坚持拒绝那些反对政府的公认权威的不正当的意见，而且要小心地抵制那种对政府的原则进行变革的思想，不管他们的借口是多么娓娓动听。他们进攻的方法可能是修改宪法，以削弱这个制度的力量，从而从根本上破坏无法直接推翻的一切。你们可能会被怂恿进行这些变革，但要记住，只有时间与习惯对形成政府真正的特点是非常必要的，人类的其他组织也是一样：要记住经验是检验一国现行宪法真实意图最可靠的标准；要记住如果因为纯粹的假设和意见而随意修改，那么修改将永无休止？同时，尤其应记住，为了有效地管理你们共同的利益，在我们这样一个辽阔的国家里，一个既充满活力又能一贯充分保障自由的政府，是必不可少的。在这样的一个权力分配合理、调整适当的政府里，自由本身将找到它最可靠的监护人。如果政府过于软弱无力，经受不住派别争斗，无法将社会中每一个成员限定在法律规定的范围内，无法保证每个人的安全和稳定地享受人身与财产权利，这样的政府不过是徒有虚名。

对一切国家要讲信义和公正。与一切国家和睦相处，宗教和道德责成我们这样做，难道好的政策不同样要求我们这样做吗？在不久的将来，这个国家将成为是一个自由、进步、伟大的国家，为人类树立了一个高尚、崭新民族的榜样，一个始终由正义与仁慈所指引的民族的榜样。随着时间的推移与事物的发展，这样一种计划的成果将充分补偿由于坚持此项计划而失去的任何暂时利益，这是任何人都不会怀疑的。

在执行这样一项计划中，重要的莫过于应该排除对个别一些国家抱着一成不变，根深蒂固的反感以及对另一些国家情感上的强烈依附。取而代之的应该是注重以公正，友好的感情来对待一切国家。一国对另一国抱有习惯性的偏爱或厌恶，这样的国家在某种程度上来说是一个奴隶，是一个受自己的仇恨或偏爱摆布的奴隶。而仇恨和偏爱都足以使自己偏离自己的职责和利益。国家之间的反感会使双方更加容易互相侮辱和损害，更加容易纠缠于小事导致的不愉快，当发生偶然的或琐碎小事而引起争吵时，更加容易持傲慢或倔强的态度。因此时有冲突发生，甚至互不相让地进行狠毒而又血腥的争斗。被恶意和憎恨支配的国家有时背离既定政策，迫使政府进行战争。政府有时会迎合国民的好恶，冲动而非理智地做出决定；由骄傲、野心及其他险恶动机所煽动起来的与人为敌的计划，政府有时会利用国民的仇恨为这些计划火上浇油。各国的和平，有时也许是自由，经常成为牺牲品。

　　同胞们，我请求你们相信我，一个自由的民族应该经常地警惕外来势力的种种阴谋，因为历史与经验证明外来势力是共和政府最有害的敌人之一。但是有效的戒备必须是公正的，否则它就会为它本应避免的那种影响所利用，而不是防御的手段。过分偏爱某一个外国，过分讨厌另一个外国，使那些被鼓动的人只看见一个方面的危险，而对掩盖甚至本质上支持了另一势力的诡计。真正的爱国者可能会抵制那些受宠国的一切阴谋诡计，但却容易遭到怀疑和憎恨，而受宠国的爪牙和容易上当的人却骗取了人民的赞扬和信任，出卖人民的利益。

　　我们应始终注意保持适当的军队，处于对手不敢小觑的防御态势，这样我们就可以有把握地依赖暂时的联盟，以应付特别紧急的情况。

　　同胞们，作为热爱这个国家的老友，在向你们提出这些忠告后，我不敢希望这些忠告将产生强烈和持久的印象，但我愿这些忠告会抑制不断产生的感情冲动，或防止我们的国家走上各国的老路。但是如果我竟能希望这些忠告可能产生部分的效益和一些暂时的好处，可以不时提醒你们要避免党派纷争的泛滥并预防外来的离间阴谋，警惕伪装成爱国主义的欺骗行为，那么，我对于你们幸福的关切之情将得到安慰；提出这些忠告也是因为我希望你们幸福。

我在执行任务的过程中，上述原则如何指引我的工作，政府的记录和其他证据必定会向你们并向世界提供证明。就我自己来说，以我自己的良心保证，我至少相信我自己是根据这些原则行事的。

正义和人性要求每一个国家在它可以自由行事的时候，必须保证不要侵犯对他国的和平和友好关系；从中我们可以推断出采取中立立场应负的职责。

恪守中立立场源于利益动机，这一点你们可以通过反省和经验来体会。对我来说，最主要的动机是为我们国家刚刚起步的各项事业赢得稳定和成熟的时间，让它们的发展壮大不受干扰。这样，根据人类有过的经历，我们的国家才有决定自己命运的权力。

虽然在回顾执政期间的事件时，我没有

发现有故意的错误，但是由于清楚自己的缺点，我想很有可能我已经犯下了很多的错误。无论是什么样的错误，我都虔诚地请求上天能够阻止或减轻这些错误带来的危害。我也将怀抱这样的希望，那就是，我的祖国会一直以宽容的态度看待我的失误。在我带着正直和热情，将我生命中的四十五年奉献给祖国之后，我希望由于才疏学浅导致的错误能够被遗忘，因为我本人也即将进入坟墓。

国人对我的过错以及其他方面的宽容和友善，让我宽慰；对祖国的深深的爱念让我激动万分。爱国之情是人的自然情感；他把国家看作他和他的先辈们的故园。我允诺自己一定要引退；现在我兴奋地期待着，单纯地引退将让我在同胞当中享受自由政府制定的完善的法制所带来的好处；这一直都是我最大的心愿。我相信，这是我们互相关心、共同奋斗、共同面对危险的最好的回报。

国会那群一直争吵不休的人听完这次演说后，立即停止了喧嚷。而那些担心华盛顿竞选连任的共和派则羞愧不已，原来这位老总统在就职的最后日子里，并没有谋求连任，而是仍然苦口婆心地劝告后来者，一定要坚持中立宣言，不要将美国的命运与欧洲任何地区的命运交织在一起，从而导致美国的安宁和繁荣陷入欧洲的反复无常的罗网里去。

1797 年 3 月 4 日，新总统约翰·亚当斯在老总统乔治·华盛顿的见证下，由新任副总统托马斯·杰斐逊的陪同，完成了总统职务交接仪式，华盛顿恢复平民身份，将合众国的最高行政权移交给下一任总统。

这一天，礼堂中挤满了密密麻麻的人群，华盛顿赢得了最热烈的掌声。人们纷纷向这位老总统表达最崇高的敬意和最难舍的情感。

仪式结束后，华盛顿走出大厅，来到大街上，向守候的人群挥动礼帽致意。早春的风轻轻地拂起他的满头银发，他的脸上依然闪耀着慈祥的光辉——这就是昔日的大陆军总司令、刚刚卸任的老总统！他马上就要消失在公众的视野里了。大家依依不舍地跟着华盛顿走到他的寓所门口。华盛顿转过身来，脸上呈现出严肃的、几乎是悲哀的表情。他噙着泪，激动得说不出话来，只是抬起自己的右手，向大家作最后一次的告别，还有祝福。

约翰·亚当斯这样评价他："长期以来用自己的深谋远虑、大公无私、稳健妥当、坚忍不拔的伟大行动赢得了同胞们的感激，获得了外国最热烈的赞扬，博得了流芳百世、永垂青史的光荣。"

托马斯·杰斐逊是共和派的领袖，他对华盛顿做出了公正的评价："他光明磊落，胸襟坦荡，办事公道，刚正不阿。他遇事明断，任何一己的私利、裙带关系、朋友的私情和私人的嫌隙都不能影响他的决定。他的确可以说是一个不折不扣的明智、善良而伟大的人物。"

华盛顿为未来的美国树立了许多先例。他选择和平地让出总统职位，使后世总统任期不超过二任的先例，被看作是华盛顿对美国最重要的影响。他被称为美国的国父，并被视为美国创立者中最重要的一位，在全世界成为一个典型的仁慈的建国者。

第六章

终老在弗农

不忍告别的终曲

　　我的大脑自 1753 年以来除偶尔松弛一下之外，时时处于紧张状态，几乎没有松懈，现在需要休息、冷静；我相信，只有入侵我国这样严重的事情（如果是这样的话，我想每个公民都有义务站出来保卫祖国），才会使我离开目前的退休生活。

——华盛顿

　　华盛顿终于从繁重的国家事务中解脱出来，一直以来忧心忡忡地注视着丈夫的马撒终于如释重负。想着暌违已久的弗农山庄在等候，他们几乎一刻也不能停留地要返回故乡去。

　　1797 年 3 月 9 日清晨，费城的天空明朗，早春的寒气虽然给人凉飕飕的感觉，但是华盛顿夫妇满心欢喜地坐上马车，辞别了一清早便等候在宅邸附近送行的人们。

一回到弗农山庄，华盛顿便恢复了早年庄园主的生活习惯，早睡、早起，每天巡视农场、饲养场和作坊，工作到下午两点左右回家用餐。这时经常陪同华盛顿在农庄里工作的是侄子劳伦斯·刘易斯·华盛顿上校，在家里则有活泼伶俐美丽的孙女内莉·卡斯蒂斯伴随着华盛顿夫人。

为了好好享受晚年生活，华盛顿请刘易斯专门负责接待事宜，他则坚持亲自打理种植事务，骑马徜徉在田园花树之间。晚上，当一切平静下来后，他会坐下来给友人写回信、记账，有时候也读读喜欢的书。

在这段时期，华盛顿和夫人还促成了家族的一桩美满婚姻。他收养的孙女内莉和刘易斯陷入爱河，在长辈们的鼓励下，这对年轻人走进了婚姻的殿堂，为弗农山庄带来了非常喜庆的氛围。看着年轻人都成长起来了，本来就注重家庭生活的华盛顿更加热爱这样的生活。

盼望多年的幸福生活终于来临了，华盛顿夫人忍不住写信给朋友，和他们分享幸福的感觉。

她写道："将军和我，犹如孩子似的有一种刚从学校或从一个严厉的监工控制下解脱出来的心情。我们相信，除了私事和娱乐消遣以外，没有任何事情能使我们再次离开这神圣的屋宇。我们对自己的享乐如此吝啬以致厌烦任何人（除亲密朋友）来共享它。但是，几乎天天都有一些陌生人来分享它的一部分，我们难以拒绝。我重又回归于一个老式的弗吉尼亚家庭主妇那令人愉快的职责，如时钟一样按部就班。像蜜蜂一样忙碌，像蟋蟀那样快乐。"

1798 年 7 月，亚当斯总统寄信给华盛顿，向他求教。原来当时美、法两国关系急剧恶化，法国在大西洋上到处劫掠美国商船，引起了美国的强烈不满，法美战争一触即发。亚当斯已经知会参议院，必须准备随时应战，问题是现在该怎么应战呢？亚当斯陷入困境，只得向华盛顿求救，并且在信中告诉华盛顿，已正式任命他为美军总司令！

值得庆幸的是，这时美国拥有比较庞大的商船，海军也在联邦派的坚持下勉强建立起来，因为《杰伊条约》的签订，美英的宿怨得以化解，在英国的默许下大力发展自己的海上贸易，促进了海船技术的提升，也带动了海军的发展，应对此次危机，完全没有问题。回忆起当年汉密尔顿和杰斐逊的争论，华盛顿忍不住笑了。

华盛顿责无旁贷地接受了任命。他于 11 月带了几个随从冒着寒风，乘坐马车前往费城，和汉密尔顿、平克尼将军研究备战大事。华盛顿、汉密尔顿，这对早年便合作顺畅的上下级，在时隔十多年后，又因为可能到来的战争聚首，这一次，他们还是不计任何报酬。他们整整花费了五个星期的时间，写成一份书面方案交给陆军部长。

当时，纵横欧洲战场的法国没有做好和新生的美国打仗准备，北美大地很快便重归平静。华盛顿再次回到弗农山庄，心满意足地过起日子来。1799 年 2 月，在他度过了 67 岁生日之后，有人来弗农山庄充当说客，劝华盛顿第三次竞选总统。华盛顿一口回绝，说："如果我参加竞选，我就会成为恶毒攻击和无耻诽谤的靶子，会被诬为怀有野心，一遇时机便暴露出来。我将会被指责为昏愦无知的老糊涂。"

华盛顿专心致志地修建新的房子，将弗农山庄的规模扩大一些。旁边的贝尔沃庄园也在战争结束后重建起来，重新迎来了费尔法克斯家的人，早年弗农山庄和贝尔沃互相交好、共同繁荣的景象再次出现。现在，故交费尔法克斯家的人又成了华盛顿家的座上宾。

夜深人静的时候，华盛顿回忆起青年时期的事情，严厉而孤独的母亲玛丽、温和而富有教养的劳伦斯大哥、博学的老贵族费尔法克斯勋爵、温婉美丽的低地美人、让他一见倾心的马撒……他忍不住向上苍祷告，感谢让他在有生之年遇到这些值得用一辈子来爱和纪念的人们；他也为自己这一生所经历过的事情感到欣慰，虽然总是忙碌，让马撒和亲人们等候，但是经过了那么多的磨难和纷扰后，他们现在还能一起围坐在弗农山庄的温暖壁炉边，享受难得的安闲岁月，这何尝不是上天的眷顾呢？

这时的华盛顿身体健康，精神矍铄，他有时外出赴宴，有时在弗农山庄接待宾客，有时在庄园各处巡视，改不掉自己从军岁月里养成的习惯，总是要巡查自己的"前哨站"。因为他出门时常穿一套灰色衣服，头戴宽边帽，臂上挂着一把雨伞，坐在马背上，人们于是高兴地称他为老将军。

　　1799 年的冬天来了，华盛顿坚持每天外出的习惯，陪同他的一般是刘易斯。大概是因为某种情境触发了他，刘易斯用富有诗意的语言描绘了他眼里的华盛顿：

　　"我和他分手的时候，他站在前门的台阶上。我和另外一个人就在那里向他告别……那是一个明亮的、有冰霜的早晨。那天清晨，他照常骑马外出。他红光满面，举止轻快，因此，我们两人都说，我们从来没有看见将军的脸色这样好。我有时觉得他确确实实是我见到过的最漂亮的男子。在他兴致很好的时候，他的确叫一切和他交往的人都感到喜欢和愉快，以致我几乎想象不出他就是那位相貌威严、叫一切和他接近的人都望而生畏的华盛顿。"

　　然而，也就是在那几天，华盛顿染上了感冒，引起严重的发烧和喉咙痛，向来讨厌有点不舒服就大动干戈的华盛顿没有将其当回事，结果病情恶化，成为喉头炎和肺炎，经过几天的放血治疗以及其他努力后，医治无效，华盛顿于 1799 年 12 月 14 日去世，享年 67 岁。

　　华盛顿对自己的辞世早已做好了准备，他在那年的 7 月便立下遗嘱，交代身后的各项事情——他做到了"把这一切事务都处理得一清二楚，以便我动身前往精灵主国时不致受到责备"。

华盛顿告别人世时，马撒一直陪在他身旁，这个伴随了华盛顿一生、这些天来一直揪心地陪伴着他的女性并没有恸哭不已，她只是静静地凝视着躺在床上的丈夫：他头发似雪，面色如常，似乎随时都可能坐起来，像以前那样拥抱她。泪水不知道什么时候已经布满了马撒的面颊，沿着脸上的皱纹静静地流淌。马撒用只有她自己能够听见的声音轻轻地告诉已经沉睡的华盛顿："亲爱的，我很快就会来陪你了。"

按照华盛顿的遗愿，他的葬礼从简，就在弗农山庄里举行，遗体也葬在弗农山庄里。

华盛顿逝世的消息传遍美国，举国沉痛哀悼。正在开会的国会休会一天，全体议员佩戴黑纱表示哀悼，国会发表了公开悼词来悼念华盛顿。远在大西洋彼岸的英国，为华盛顿的过世特意降半旗致意，教堂丧钟齐鸣。法国也对华盛顿的逝世深表哀悼，人们手臂上缠着黑布，激动地传述着华盛顿的伟业，以纪念这位"自由之父"。

在美国，为了纪念这位伟人，新建的美国首都命名为华盛顿。1885年，在华盛顿正式建成高

终老在弗农 第六章

241

555 英尺的纪念塔，内壁嵌有 190 块石碑雕刻，专门用来纪念这位伟大的总统。因为华盛顿坚毅的性格、伟大的品格和卓越的贡献，200 多年来，无数的美国城镇都以华盛顿命名。这位面对困难永不言败的开国总统、美国国父对美国的贡献永远铭刻于美国人民的心中，他的精神将永远流传下去，永不终结。